JN114575

吉野 博

# 一休禅師の般若心経

## 般若の心と色即是空の世界

鳥影社

# まえがき

『般若心経』は、仏法の精髄を説いた簡潔な経典ですが、そこに書かれた深遠な内容を理解することは容易でありません。『般若心経』を理解するためには、その解説書を読む必要がありますが、これまでに出版された多数の解説書のなかから、どの書を選んで読めばよいのか迷ってしまいます。しかし、選択基準を、悟りを開いた人が書いたものに絞ると、その数は激減します。

そのなかで、一休禅師の『般若心経提唱』は、仏道修行の初心者のために書かれた優れた解説書です。この書は文章が平易で読みやすいのですが、内容が私たちの常識的理解を超えていますので、他の悟りを開いた禅師の言葉を紹介しながら解釈した方が、わかりやすいと思います。そこで、本書では、五人の悟りを開いた禅師、すなわち大応国師、夢窓国師、月庵禅師、正眼国師（盤珪禅師）、鉄眼禅師の言葉を紹介しながら、『般若心経提唱』の解釈を行いました。

『般若心経提唱』を十分に理解するためには、即今（今この瞬間）についての知識が必要です。そこで、最後の章で、悟りを開いた二人の禅師、すなわち道元禅師と原田雪溪禅師の言葉を紹介しながら、即今について解説しました。

# 目次

## 第四章　『般若心経提唱』の解釈　39

# 凡例

一　巻末の「転載文献」および「引用文献」に記載の書籍・辞書を参考にするとともに、必要な部分を転載あるいは引用しました。

一　『註解一休法語集』より、『般若心経提唱』の原文（解題・『般若心経』経文・註解・和歌を除いた全文）をそのまま第三章に転載しました。

一　第四章の『般若心経提唱』のテキストは、第三章の『般若心経提唱』の原文を次のように改変したものです。

・見出しの漢文（『般若心経』の一節）を訓読文から白文に変更し、誤字を修正した後、ふりがなを付けた。また、読点を句点に修正するとともに、必要な箇所に句点を追加した。
・旧字体の漢字を新字体に改めた。
・歴史的仮名遣いの「ゐ」「ゑ」を現代仮名遣いの「い」「え」に改めた。
・ふりがなを現代仮名遣いに改めるとともに、一部修正・変更・追加した。

一　『校補点註　禅門法語集』より、夢窓国師、月庵禅師、鉄眼禅師の言葉（必要な部分のみ）

を第四章に転載しました。転載する際には、原文の漢字を旧字体から新字体に改め、歴史的仮名遣いの「ゑ」を現代仮名遣いの「え」に改めました。また、ふりがなを現代仮名遣いに改めました。改変前の原文は、巻末の「五人の悟りを開いた禅師の言葉（原文）」に記しました。

一　『校補点註　続禅門法語集』より、大応国師と正眼国師の言葉（必要な部分のみ）を第四章に引用しました。引用する際には、原文の漢字を旧字体から新字体に改めました。改変前の原文は、巻末の「五人の悟りを開いた禅師の言葉（原文）」に記しました。

一　本文中の（注1）〜（注7）の説明は、巻末の「注釈」に記しました。

# 一休禅師の般若心経

## 般若の心と色即是空の世界

# 摩訶般若波羅蜜多心経

観自在菩薩行深般若波羅蜜多時照見五蘊皆空度一切苦厄舎利子色
不異空空不異色色即是空空即是色受想行識亦復如是舎利子是諸法空
相不生不滅不垢不浄不増不減是故空中無色無受想行識無眼耳鼻
舌身意無色声香味触法無眼界乃至無意識界無無明亦無無明尽乃至
無老死亦無老死尽無苦集滅道無智亦無得以無所得故菩提薩埵依般若
波羅蜜多故心無罣礙無罣礙故無有恐怖遠離一切顛倒夢想究竟涅槃三
世諸仏依般若波羅蜜多故得阿耨多羅三藐三菩提故知般若波羅蜜多是
大神咒是大明咒是無上咒是無等等咒能除一切苦真実不虚故説般若
波羅蜜多咒即説咒曰
掲諦掲諦波羅掲諦波羅僧掲諦菩提娑婆訶
般若心経

# 第一章　一休禅師と禅宗の教え

## 第一節　一休禅師

一休宗純禅師（一三九四―一四八一）は、室町時代の臨済宗大徳寺派の僧です。出生地は京都で、後小松天皇の落胤と言われています。幼名は千菊丸です。六歳のときに京都の安国寺に入門し、周建と名付けられました。十七歳のときに西金寺の謙翁宗為老師の弟子になり、名を宗純と改めました。謙翁老師が亡くなると、祥瑞寺の華叟宗曇老師の弟子になり、そこで一休の道号を授けられ、二十七歳のときに、悟りを開きました。華叟老師が亡くなった後は、寺を出て、各地の小庵などに住みながら民衆の教化に努めましたが、一四五六年に妙勝寺（大応国師が創建した寺）を再興し、酬恩庵と名付けて、そこを終の住処としました。一四七四年に大徳寺の住持になった後は、酬恩庵から通いながら、応仁の乱で荒廃した大徳寺の復興に尽力しました。現在、酬恩庵は一休寺とも呼ばれています。

一休禅師の人柄、禅風などについては、『岩波仏教辞典』の「一休宗純」に、「その言動は奇抜・風狂で知られるが、名利に流れる禅を排し、脱俗風流で簡素な生活をたたえ、自らを臨済禅の正統をになう者と任じ、形式的な戒律を守るよりも見性悟道を第一の目的とする立場にたつ。その文言はきわめて露骨なものがあり、世にはばかるところがなかったが、禅の民衆化に大きな足跡を残した。法嗣はないが、彼のもとには多くの文人が参禅し、中でも村田珠光（一四二二―一五〇二）や堺商人との出合いは茶道が禅より生まれるもととなる」と書かれています。主な著述に『自戒集』『狂雲集』『骸骨』などがあります。なお、一休禅師は小僧時代に優れた漢詩の才能を開花させましたが、「一休さん」のアニメのように、とんちで大人を感服させることはなかったようです。

## 第二節　禅宗の教え

インド僧の達磨大師が中国に伝えた禅は、唐から宋の時代にかけて大いに発展し、五家七宗（臨済宗・曹洞宗・潙仰宗・雲門宗・法眼宗の五家、臨済宗から分かれた黄竜派・楊岐派の二派）などの禅宗の宗派が生まれました。日本には、鎌倉時代に臨済宗と曹洞宗が、そして江戸時代に黄檗宗が伝わりました。

禅宗には、その教えを端的に表した「教外別伝」「不立文字」「直指人心」「見性成仏」という有名な四句があります。これらの四句は、一休禅師の『般若心経提唱』を理解する上で有用と考えられますので、次に簡単に説明します。

教外別伝は、仏法の真理は経典などの教えによっては伝えることができず、悟りを開いた師（仏）から弟子へと、悟りの追体験によってのみ伝えることができることを表しています。仏道修行の結果、弟子が悟りを開くと、師は弟子の悟境（悟りの境地）を点検・確認した後、印可（悟りの証明）を与えます。このようにして、真理は仏（悟りを開いた師）から仏（悟りを開いた弟子）へと受け継がれていきます。

不立文字は、仏法の真理は文字や言葉に表せないこと、すなわち概念的把握を超えていることを表しています。したがって、文字や言葉による教えは、悟りを開くための道案内として重要ですが、それ以上のものではありません。

直指人心は、仏法の真理を知るためには、自分の心（本来の心）に直接向かわなければならないことを表しています。真理を心のほかに探し求めると、真理から遠ざかってしまいます。

見性成仏は、自分の本性（本来の心）を明らかに知ること、それが仏になることであることを表しています。自分の本性に目覚めて、仏法の真理を体得することを、悟りと言います。悟りを開いた人（仏）は、すべての煩悩(ぼんのう)や束縛から解放されて、常に絶対的な安楽と自由自在の境地に在ります。

# 第二章　般若心経

## 第一節　大乗仏教

仏教の開祖である釈尊（お釈迦様）が入滅してから約百年後に、仏教教団は、まず保守的な上座部と進歩的な大衆部に根本分裂し、その後、この両派はさらに多くの部派に分裂しました。釈尊の在世時代から教団が分裂するまでの初期の仏教を原始仏教と言います。

上座部系の仏教は、スリランカ、タイ、ミャンマー、カンボジアなどに伝わりましたので、南伝仏教とも呼ばれています。一方、釈尊が入滅してから約四百年後（紀元前後頃）にインドに起こった改革派の仏教を大乗仏教と言います。大乗仏教は、中国、チベット、朝鮮、日本などに伝わりましたので、北伝仏教とも呼ばれています。日本の仏教は、ほぼすべての宗派が大乗仏教です。

大乗仏教は、さらに顕教と密教に分類されます。顕教とは文字・言句で説き示された教えであり、密教とは秘密の教えです。顕教には、黄檗宗、華厳宗、時宗、浄土宗、浄土真宗、曹洞宗、天台宗の顕教、日蓮宗、法相宗、融通念仏宗、律宗、臨済宗などがあり、密教には、真言宗（東密）と天台宗の密教（台密）があります。

密教は大乗仏教の一流派に分類されますが、ヒンドゥー教の影響を受けていますので、顕教とは大きな違いがあります。たとえば、顕教では釈尊の教えを説きますが、密教では大日如来の教えを説きます。また、顕教の修行者は一般に六波羅蜜（布施・持戒・忍辱・精進・禅定・智慧）を実践しますが、密教の修行者は三密の瑜伽行（手に印契を結び、口に真言〔真理を表す秘密の言葉〕を唱え、心に仏〔本尊〕を観想することにより、仏と一体になる行法）を実践します。

## 第二節　般若心経

『般若心経』は、梵語（古代インドのサンスクリット語）で書かれた原典を漢訳したものですが、翻訳者の違いにより複数の漢訳本が存在します。私たちがよく知っている『般若心経』は、唐代の三蔵法師・玄奘（玄奘三蔵）が漢訳した『般若波羅蜜多心経』です。私たちが誦経や写経に用いている『般若心経』も同じものですが、経題は『摩訶般若波羅蜜多心経』あるいは『仏説摩訶般若波羅蜜多心経』となっています。

『般若心経』はわずか二百六十余字の大乗経典ですが、そのなかに顕教の教えと密教の呪（真言）の両方が説かれています。『般若心経』の大部分は、「行深般若波羅蜜多時。照見五蘊皆空」「色不異空。空不異色。色即是空。空即是色」「是諸法空相。不生不滅。不垢不浄。不増不減」「是故。空中無色。無受想行識」「依般若波羅蜜多故。心無罣礙」など、般若波羅蜜多や空についての教えです。そのため、『般若心経』は、『大般若経』六百巻の精髄を表したものであると言われています。一方、『般若心経』の最後は、密教の呪（般若波羅蜜多の呪）である「掲諦掲諦。波羅掲諦。波羅僧掲諦。菩提娑婆訶」で終わっています。そのため、『般若心経』では、最後の呪が最も重要であるとも言われています。いずれにしても、『般若心経』は現在も顕教・密教の多くの宗派で唱えられており、日本で最も広く親しまれている経典です。なお、一休禅師の『般若心経提唱』は、『般若心経』を禅宗（顕教）の立場から解説したものです。

# 第三節　空

『般若心経』を正しく理解するためには、「空」を正しく解釈しなければなりません。「空」を辞書で調べると、実体がないこと、永遠不変の固定的実体がないことなどの意味が書かれていますが、本書では、一休禅師および五人の悟りを開いた禅師の言葉も参考にして、空は実体がないこと、あるいは私たちの本性（本来の心）を意味すると解釈します。

最初の「実体がないこと」は、私たちが知覚している事物が実在ではないことを意味します。私たちは、五感（視覚・聴覚・嗅覚・味覚・触覚）によって知覚した外界の事物を、実体のあるもの（実在するもの）として認識しています。しかし、私たちが認識している事物は、脳が五感の情報を基につくり上げたものですので、真実の相（実相）を正しく表したものではないかもしれません。『般若心経』は、すべての事物の実相は空であると説いています。本書では、私たちが認識している世界を「現象世界」、そして現象世界の実相を「真実の世界」と呼ぶことにします。現象世界は、一切皆空（すべての事物に実体がないこと）の真実の世界が、私たちの心の迷いにより、実体のあるもの（実在するもの）として認識された仮の世界です。

通常、空は実体がないことを意味しますが、私たちの本性（本来の心）を意味することもあります。一休禅師と鉄眼（てつげん）禅師は、『般若心経』の「色即是空（しきそくぜくう）。空即是色（くうそくぜしき）」の空を、私たちの本性（本来の心）と解釈しています。

# 第三章　『般若心経提唱』の原文

『註解一休法語集』は、一休禅師の仮名法語を集めて、それらのなかの難解な字句に注解を付けた修養資料叢書です。そこに収載されている『般若心経提唱』の原文（解題・『般若心経』経文・註解・和歌を除いた全文）をそのまま次に転載します。なお、和歌は、後世の人が本文に付け加えたものと言われていますので、省略しました。

## 摩訶般若波羅蜜多心經

是は天笠のことばなり。摩訶とは、大といふこゝろなり。大といふ心をしらんとならば、先づわが小さきこゝろをつくすべし。小心とは、妄想分別なり。妄想分別あるが故に、我と人とのへだてをなし、佛と衆生のへだてをなし、有無をへだてゝ、迷悟をわかち、是非善悪の隔あり。之を小心とはいふなり。この心を盡せば、われ人のへだても、佛と衆生の隔もなくして、有無の心も、まよひといふことも、さとりといふことも、皆平等にして、さらにへだてあることをしらず、これを大心といふなり。此の心は、虚空のかぎりなきがごとし。是れ即ち一切衆生の我々の上に、元來そなはりたる本性なり。しかれども、凡夫は妄想分別の小さき心におぼれて、此の大心を見ることをしらず、色々わけへだての心あるゆゑに、有無の二つにまよひ、生死の二つに隔られ、いろ〳〵に顚倒迷妄するなり。○般若とは、智慧といへる義なり。このはんにやの智慧とは、凡夫の思へる分別才覺ありて、小ざかしきをいふにあらず。この分別才覺は、世間の智慧なれば、小智にて大智にあらずして、世智辨聰とて、佛道に入ることをしらず。さるによつて、小智は菩提のさまたげといへるも此の意をもつていふなり。眞實般若の智といふは、妄想分別をはなれて、大虚空の如くなるをいふなり。三世の諸佛、その外もろ〳〵の智識たちも、皆この智慧をもつて、無上菩提をさとりたまふなり。○波羅蜜多とは、彼岸にいたるといふ意也。彼岸とは、かの岸とよめり。凡夫は、まよへるゆゑに、生死苦界をわたる事をしらず、生死流轉するを、此岸といふなり。此岸とは、この岸とよめり。佛ぼさつは、般若の智慧によつて、一切の諸法は、みな空にして、元より生死もしらず、滅しもせずといふ道理をさとつて、はんにやの船にのりて、生死の苦界を渡り過ぎて、不生不滅の涅槃の岸にいたるを、彼岸とはいふなり。則ち涅槃は、生ぜず滅せずといふ義なり。こゝに至るを、極樂といふなり。おほよそ人間の種々無量の苦をうくるは、生死のふたつに因てなり。生を願ふては樂を好み、死をいとひては苦をうくる。たのしみを求めてもあたはざれば、樂もくるしみとなる。さるほどに、般若の智慧をもつて、自心は、もとより空にして生ぜず滅せず、ひつきやう空なりと悟れば、生死のいとふべきこともなく、樂もなく、之を眞の極樂といふなり。こゝにいたるを、彼岸に到るといふなり。到るといへば、田舍より京へのぼるやうなことにはあらず、一念生ぜざれば其の立處すなはち西方極樂なり。あるひは、自心の外に極樂を求めなば、いよ〳〵遠く十萬億土をへだてゝ、終にいたることあたはず。自心すなはち佛たることをさとれば、阿彌陀をねがふに及ばず、自心の外に淨土なし、かくいふとも求むべからず。自惑をもつて自心を求むる道理なきによつてなり。たとへば、我が目とわが目を見ざるが如し。たとへば、寶を手に持ちながら、うしなひたりとおもふは、迷ふが故なり。自心元來ほとけなるを、外にたづね、あるひは、自心の上に於てもとむるは、失はざる寶を失なへりとおもふが如し。たゞ尋ねもとめず、捨てず取らざれば、おのづから佛の心にかなふなり。○心經とは、すなはち般若の心なり。此の般若の心は、一切衆生もとよりそなはりたる心なり。愚痴無明のくらきにもくらまされず、煩惱妄想のけがれにもそまず。元より生ぜず滅せず、故に生死の流轉をもうけず、有にあらず無にあらず、中道にも止らず、本來空寂にして、取る事もあたはず、詞にもいひがたく、心をもつて量りがたし。一切の想をはなれたり。釋尊一代の間、色々にとき給へども、終にとき盡すこと能はず。神妙ふしぎなるもの。○經とは、詞にあらはし、文字に書きうつしたるを心經といふにあらず、此の經は、則ち自心をさしていふなり。文字に書きたるは文字般若なり。自心をはなれて、外に文字にて書きたる經をもとめなば、是れ即ち愚痴の心なり。はんにやの智慧にそむくなり。念々皆般若經なり。たゞ口にとくばかりにて、こゝろはんにやならねば、隣のたからをかぞふるが如し。佛この經をとき給ふことは、はんにや本覺の智慧をもつて、一切の衆生をして、妄心妄念を除き正さしめて、生死大海のこの岸をわかれて、不生不滅のねはんの彼岸にいたらしめて、衆生をして本心本性を見せしめんがためなり。此の故に般若波羅蜜多心經と名くるなり。

**觀自在菩薩**

是れ則ちこの般若を修行する菩薩なり。般若の智慧を以て、自心のもとを清淨にして、煩惱のけがれをうけず、不生不滅、不去不來、空なることを觀念して、一切のものにさはらず、自由自在なり。たとへば、萬物の虚空に中にあれども、虚空をさへぎらざるが如し。菩薩とは、さとれる衆生といふ心なり。去るほどに、心なければ、人々みな觀自在なり。外を求むべからず。

## 行深般若波羅蜜多時

行とは、修行することなり。深般若とは、ふかき智慧なり、世間よの常のあさき有漏の智慧にはあらず、眞實出世無漏の智なり。漏とは煩悩をいふなり。有漏には、煩悩ありといふ義。無漏とは、煩悩なしといふ心なり。有漏の智は、妄想分別なれば、世間のうちを出でず、無漏の智は、煩悩妄想をはなれて、三界を出離する智慧なれば、出世無漏の智といふなり。則ちこの般若の眞空實相のことなり。波羅蜜多とは、ひがんに至るといふ義なり。則ち此のぼさつの修行する法をいふなり。又、時とは、この菩薩の般若を修行する時なり。修行するといへば、修行仕つくし、すべきことのなき所に到り得たるを般若の修行とはいふなり。般若は、畢竟空なるが故なり。此の空の上に修行すべき道理なし。修行すべき事のなき處にいたり得るを修行とはいふなり。是は僧俗のへだてなく、士農工商ともに業體とすべき道を修行なし盡し、其の身の職分また一つくらからぬ所にいたりぬるを示し給ふなり。萬法出離の修行とは、實に佛菩薩の上ならでは、成し得がたしといへども、銘々受もちたる一業を修行しつくし、その道にくらからずば、人たるべきなり。時とは、何業にもせよ、學び得べき時あればなり。其の習ひ學ぶべき時を、等閑に年老て後悔する事かず多し。わかきといふとも、時ありとしりたるを、一業の智見といふべし。

**照二見シテ五蘊ノ皆空ナリト一**

照見とは、てらし見るなり。觀念の心なり。○五蘊とは五つをつゝみあつむる意なり。五つとは、一つには色なり、地水火風のかりに和合したる色かたちある身といふなり。二つには受なり、うくるとよむ。苦樂をうくるをいふなり。三つには想なり、おもふとよむ。深く思ひたづぬるをいふなり。四つには行なり、おこなふとよむ。五つには識なり。いろ〳〵の分別をなすものなり。受と想と行との三つも、この識の分別よりおこるなり。この五蘊は、畢竟、色心の二法なり。色とは、地水火風の四大が假りに和合して、色かたちのあれば、色法といふなり。受想行識の四つは、心のなすわざなれば心法なり。五蘊のうちに識といふものが、先づ最初に何事につけても分別をおこすなり。たとへば、苦樂などの事につけても、これは苦なり、これは樂なりと、分別するものは、識なり。さて、分別によりて、樂を樂なりと心にうけ入れ、苦をば苦なりと心にうけ入れおくを受といふなり。さて、又、其の苦の事をあいついで、たえずいろ〳〵におもひたづねてやまぬは、想なり。さて、又、思ひ尋ねてやまず、終にその苦樂などの事をくはだてゝなすは行なり。其のなすわざの善惡によりて、未來に餓鬼畜生などのあしき身に生れ、或は、人間、天人などの身をうくるは色なり。則ち色身の事なり。五蘊元來自性なし、四大無主なれ共、衆生は愚痴なるが故にまよひ、眞實に有と執着して、此の四大假和合の身を、我身なりとおもひ、受想行識の四蘊を我が本心なりと思ひ、わが身を愛する故に、苦をいとひ樂をねがひて、色々の業を作りて無量の苦をうく。五道六道に輪廻して、つひに苦厄まぬかれがたし。しかるに、この觀自在菩薩は、般若の深き智慧をもつて、生死の苦界を越て、彼岸にいたる法を修行す、時に五蘊本來空にして、四大無我なる事を觀念して、もろ〳〵の苦をまぬかれ給ふなり。さて又、般若の御法をときて、苦界にしづみたる衆生どもをすくひたすけて、生死の此岸より彼岸にいたらしむるゆゑに、

**度一切苦厄**

といふなり。

**舍利子**

是は佛の八萬人の大衆の中にて、智慧第一の弟子なり。さるによつて、大衆たちの爲めに總の名代に、佛にむかひ、舍利子、法をとひたてまつれり、答をせらるゝなり。依つて色心不二の御法をときたまはんとて、其の名をよび出してつげ給ふなり。

**色不異空。空不異色。色即是空。空即是色。受想行識。亦復如是。**

色とは、地水火風のかりに和合せる四大色身なり。おほよそかたちの有るものを色といふ

なり。容あれば、目にそのいろ〳〵見ゆるものゆゑに、色といふなり。今この四大色身のかたちあるは、元來空のかたちなき所より生ずる程に、色身は空にことならずといふ義なり。さるほどに、此の色身主まことに有る物に似たりといへども、夢のごとくにて、畢竟空也。然るに、凡夫は迷ひて、この眞空の實相にそむきて、空妄の色身を誠に有るものなりと思ふによりて、生を好み死をおそれて、いろ〳〵の苦を受て、生死の輪廻をまぬかれず。故に佛これをあはれみたまひて、此の色身も元來不生不滅の眞空があらはれたる物なれば、色も空にことならずと說きたまふなり。さて、此の空といふものも、色がめつして空となりたる程に、空も色に異ぬぞ。かくの如くいふも、又色と格別なる物を、一つになしたるやうにして、へだてがあるに似るあひだ、その色空の二見をはなれしめんがために色即是空、空即是色なりと說き給ふなり。即といふは、やがてといふ心なり。色の當體が、其のまゝやがて空なり。空の當體が、そのまゝ色なり。空をはなれて いろなし、色をはなれて空なし、水と波との如し、波すなはち水なり、水すなはち波なり、さらに二つあることなし。たゞ一心實ばかり、これは先の五蘊のうちの色蘊の一つをあげて、空にことならずときゝたまふなり。されば、のこりの受想行識の四蘊も、色蘊のごとく、皆空と異らぬといふ義なり。色蘊の一つをもつて、殘りの四蘊もしるべし。畢竟皆空なり。

**舎利子。是諸法空相。不生不滅。不垢不浄。不増不減。**

舎利子とは、又聞く人の名をよび出すなり。是れ諸法とは、前の色受相行識の五蘊をさしていふなり。前にとく如く、四大色身五蘊の諸法、みな元来空なるほどに、初めより生じもせず死にもせず、穢れもせず清まりもせず、増しもせず、減りもせぬぞ。虚空のかたちなきが如しとねもごろに空なることを示したまふなり。

**是故。空中無色。無受想行識。**

このこゝろは、右の如く、眞空想なしのうへには、生滅の道理もなく、けがれもせず、きよまりもせず、増すといふこともなし、又減るといふこともなきものなれば、此の故に受想行識の五蘊もみな無ぞ。無といふは、空といふこゝろなり。空とは、有無をはなれたるを云ふなり。

**無眼耳鼻舌身意。**

是は六根をあげてみな空なりと説き給ふなり。六根といふは、眼根。耳根。鼻根。舌根。身根。意根これなり。みな根の字をつけていふことは、草木の根あるが如し。根あれば、よく生ずるなり。其のごとく、眼根は、よく識を生ずるものなり。識とは、眼にみる時に、青黄赤白黒をよく分るものをいふなり。此の識といふものがなければ、見わくることはならぬぞ。さて、また識といふものが有りても、眼根といふものがなければ、此の識を生ずることがならぬぞ。たとへば、目をふさぎ、耳をふさげば、色ありといへども見えず、聲ありといえども聞えず。さるほどに、色をみるときは、識が眼根によつて生ずるなり。これを聞く時は、識が耳根によつて生ずるなり。のこりの鼻根、舌根、身根、意根もかくの如し。

**無色聲香味觸法。**

是を六塵といふ義は、六塵も皆空なりと説き給ふなり。六塵といふ時は、みな塵の字をつけていふぞ。色塵、聲塵、香塵、觸塵、法塵これなり。塵は、ちりとよめるは、物をけがすものなり。眼も耳も、いまだ物の色をみず、聲を聞かざる已前は、元來清淨にして、無念無想なるものなれども、色を見、聲をきくによりて、うつくしきものを見ては、ほしく思ひ、おもしろき聲をききては、心をとられ、見る事、聞くことに迷ひ、貪着の思をおこす故に、煩惱の穢に染むをもつて、塵といふなり。しかるに、般若の智をもつて、皆空なりと觀ずるときは、六根六塵ともに無き物なり。なしといふとても、今まで有りつる物をはらひすて丶、今より、はじめて無しといふにはあらず、この六塵の自體もとより空なるがゆゑに、なしとはいふなり。

**無眼界乃至無意識界。**

是は十八界を空ずるなり。まへの六根、六塵を合せて十二處に六識を加へて、十八界といふなり。六識とは、眼識、耳識、鼻識、舌識、身識、意識なり。眼に青黄赤白黑の色、大小長短のかたちを分別するを、眼識といふなり。耳にはいろ〳〵の音聲を聞きわくるを、耳識といふなり。鼻によきにほひ、惡きにほひをかぎ分るを、鼻識といふ。舌に五味を嘗め知るを、舌識といふなり。身に暑さ寒さを觸れて覺え、痛さかゆさを分ちしるを、身識といふ。意に一切の是非善惡を種々に分別するを、意識といふなり。十八界といふこゝろは、物の境かぎりあるを、界といふなり。眼は聲をきかず、耳は色を見ず、其の司る所のかくべつなる故に、眼界耳界といふなり。

**無無明。亦無無明盡。乃至無老死。亦無老死盡。**

是は十二因緣を空ずるなり。十二因緣といふは、一つには無明なり、これは本心本性をあきらめずして、道理にくらきをもつて、迷をおこすをいふなり。一切の煩惱の根元は、無明よりはじまるなり。二つには行なり、是は無明の心おこりてより、一切善惡の業をつくるをいふなり。三つには識なり。これは妄想妄念をもつて、父母に愛着の念をおこさして、はじめて母の胎內にやどるをいふなり。四つには名色なり、胎內にやどりて、目口鼻手足などのかたちが出來て、受想行識の四蘊のそなはるをいふなり。名色の名とは、四蘊のこゝろのわざなれば、目に見えぬものなるあひだ、名をつけてよばざれば、あらはれがたし、かるがゆゑに名といふなり。色は目に見るところの眼耳鼻舌身などをいふなり。心法と識法とのふたつをかねて、名識といふなり。五つには六入なり。是は心識が眼耳鼻舌身意の六根に行き入つて六根となるなり。六つには觸なり、是は六根と六塵と相對するをいふなり。まなこは色に對し、耳は聲に對し、鼻は香に對し、舌は味に對して相觸るゝゆゑに、觸といふなり。七つには受なり、是は善惡の事を心にうけ入るるをいふなり。樂を樂とうけ、苦を苦と心にうけ入るるをいふなり。八つには愛なり。是は五蘊などの樂を心に受け入れて、さて、それに愛著の心を起すをいふなり。九つには執なり。是は愛著の心によつて、深く執着するをいふなり。十には有なり。これは執着の因縁によりて、未來の身を受くることあるを、有といふなり。十一には生なり。是は前の有の因縁をもつて、終に又うまれ來るをいふなり。十二には老死なり、是は生れてより、又やがて年とつて死するをいふなり。是を十二因縁の流轉といふなり。過去の無明の業縁によつて、今現在に苦をうくる身とうまれ、又今この現在にて作る業縁によりて、未來世にて又生をうけ、死してはうまれ、生れては死し、三世の因果たえず、三界に流轉して、無量の苦を受けて、終にやむことなし。是れ皆最初の無明の一念のまよひによつて、種々の苦をうくるをいふなり。さるほどに、般若の眞空の智を以て、無明は、もとより空にして、實性あることなし。夢幻のごとくと觀念をなせは、一切煩惱妄想、畢竟みな空にしていろ〳〵の夢さめたるが如くにして、過去のこゝろも不可得、現在の心も不可得、未來の心も不可得、三世の因果、一念に空じ、六道の輪廻一時にやむなり。

**無苦集滅道。**

是は四諦を空ずるなり。四諦とは、則ち苦諦、集諦、滅諦、道諦なり。先づ苦諦とは、過去の業成によつて、今この身をうけて、種々の苦あるを、苦諦といふなり。集諦とは、集はあつむるとよめり、是は過去にもろ〳〵の惡業の因をあつめもちたるをいふなり。滅とは、一切の煩惱妄想を滅しつくすをいふなり。道とは、煩惱を滅して、不生不滅の涅槃の樂界に到る修行の所を、道といふなり。これを取あはせていふときは、先づ今この界へ生れ、色々の苦をうくるは、いかなる因緣ぞといふに、過去にて惡業煩惱をあつめてもちたるゆゑに、その因をもつて、今この苦をうくる身をまねき得たるなり。さるほどに此の苦をいとひ出離を求むるには、先づ惡業煩惱を滅する道を修行して、さて、不生不滅の、寂滅爲樂の所に到る。苦集の躰、元來自空なる間、滅すべき苦集もなく、修行すべき道もなきがゆゑなり。

**無智亦無得。以無所得故**

といふ意は、般若の智をもつて、五蘊、十二處、十八界、十二因緣、四諦等を觀ずるに、畢竟みな空なり。その智も空なれば、一法の得べきなし。これを人空法空といふなり。

**菩提薩埵。**

これは天竺の詞なり。覺れる有情といふ義なり。則ち觀自在菩薩なり。

**依般若波羅蜜多故。心無罣碍。**

といふ心は、菩薩般若の空智によつて修行す。ゆゑに心虚空界の如くなる事をさとりて、一切の業障にさえられず。

**無罣碍故。無有恐怖。遠離一切顚倒夢想。究竟涅槃。**

といふは、眞實相の上には、元來生滅なきゆゑに、生死の恐ある事なし。顚倒夢想とは、一切の有爲の法は、夢の如くまぼろしの如くにして、實にあることなし。しかるを、凡夫は迷ひて實に有りとおもへるは、あだなる夢をまことゝおもへるが如し。是顚倒夢想なり。若し一念空ずる時、一法も得べきなし、是則ち遠離なり。究竟とは、きはまりつきたる義なり。萬法皆涅槃を至極とするなり。涅槃は、不生不滅のところなり。圓滿淸淨の義なり。淸淨とは、空の異名なり。

**三世諸佛。**

三世とは、過去、現在、未來をいふなり。佛とは、覺者なり。一切有情みな覺性をそなへたり。迷ふが故に衆生といひ、さとるを佛といふなり。自心の外にはほとけなし、人々自心即ち佛なれば、これを成佛といふなり。三世といふも、遠きことにあらず、前念すでに滅したれば、過去、後念未だ生ぜざるは、未來、その中間のすでにおこりたる當念は現在なり、過去佛、現在身、現在佛未來佛なり、過去心不可得、現在心不可得、未來心不可得なれば、たゞ一念一佛にして、二心二佛あることなし不去不來、三世常住なり。

**依般若波羅密多故。得阿耨多羅三藐三菩提。**

六字をば、無上成等正覺といふなり。この六字は、即ち人々本來具足したる眞性をいふなり。佛を覺者といふも、此の眞性を覺る故なり。一切のもの、この眞性にこえたるまで、平等にして、佛にあつても増すこともなく、衆生に有つても減ることなし、等く平らかに行きわたりて、かけずあまらず、みな備はりたる故に、成等といふ。さてこゝにいふ心は、菩薩ばかり、般若によつて修行して、涅槃に到るのみならず、三世諸佛も皆般若によるが故に此の上の、妙道を成就したるなりといへり。

**故知。般若波羅密多。是大神咒。是大明咒。是無上咒。**

咒といふは、諸佛の密語なれば、凡夫のしる所にあらず。二つともなく、三つともなき佛法第一の義なり。神とは、神妙にしてはかりしること能はざる義なり。いふこゝろはこの般若の功力神變不思議にして、よく一切の惡魔の障礙を破る故に、大神咒と名くるなり。これは般若の智をもつて、よく佛法至極の妙利をあらはすこと、諸經にこえたるが故に、無上咒といふなり。

**是無等々咒。**

これは、般若の功用に依つて、妙覺の佛果を悟りきはむるほどに、この咒に等しき咒なし。かるが故に、無等等といふなり。初めよりこゝにいたるまで、顯說般若なり。顯とはあらはすといふ字なり、文字詞にて義理をあらはす故に、顯說といふなり。

**能除二一切苦、眞實不虛一。**

といふこゝろは此の般若の功力によつて、一切衆生の苦をすくいて、樂を得さしむること、眞實にして僞りなし。さるほどに、もろ〳〵の衆生、此の般若心經を信仰して受行へといふ義なり。

**故說二般若波羅密多咒一。**

是は上にいふが如く、般若波羅蜜多は、大神咒、大明咒、無上咒、無上等々咒にして、よく一切の苦を除くこと眞實なる間、即ちこの咒を說くといふ義なり。

**即說レ咒曰。揭諦揭諦。波羅揭諦。波羅僧揭諦。**

この十三文字は咒なり。是を密語の般若ともいふなり咒は、諸佛の密語なるがゆゑなり。たゞ佛のみ、能是を知り給ふなり。餘人はしることあたはず。

**菩提娑婆訶**

菩提は、天竺の詞なり。これ智道ともいふなり。合していふ時は、覺智成就といふこゝろなり。道のさとるべき處にいたり得たるを成就といふなり。菩提は、はじめの義なり。娑婆訶は、末の義なり。はじめ、菩提心をおこして退屈なし、勇猛に精進して、修行をおこたらず、大道をさとりて、本來空の處にいたるは、即ち菩提なり。悟り終て、畢竟空なれば、娑婆訶なり、是れ佛成就のところなり。

# 第四章　『般若心経提唱』の解釈

本章では、第三章の『般若心経提唱』の原文を凡例（はんれい）に示すように改変したものをテキストとして使用します。テキストの部分は、わかりやすいように四角の枠で囲みました。テキスト中の見出しの漢文および第四節（二）のテキスト中の「度一切苦厄（どいっさいくやく）」は、『般若心経』の一節です。〔現代語訳〕の漢文の下のかっこ内に、その書き下し文を記しました。

テキストの現代語訳（意訳）にあたっては、文脈を重視し、誤字・脱字やその他の間違いと考えられる部分を修正して訳しました。また、意味が不明瞭（ふめいりょう）な箇所は、言葉を補足して訳しました。テキストの内容に関わる部分を修正して訳したときは、その訳文の箇所に＊を付けて、訳文の最後に、修正前と修正後のテキストの言葉を記しました。説明が必要な場合は、〔解説〕のなかで修正あるいは補足の理由を述べました。

テキスト中の重要部分、難解な言葉などについては、五人の悟りを開いた禅師の言葉と辞書の説明を適宜紹介しながら解説しました。五人の禅師の言葉にも現代語訳（意訳）を付しました。

## 第一節　摩訶般若波羅蜜多心経

**摩訶般若波羅蜜多心経**

（一）是は天竺のことばなり。摩訶とは、大といふこゝろなり。大といふ心をしらんとならば、先づわが小さきこゝろをつくすべし。小心とは、妄想分別なり。妄想分別あるが故に、我と人とのへだてをなし、仏と衆生のへだてをなし、有無をへだてゝ、迷悟をわかち、是非善悪の隔あり。之を小心とはいふなり。この心を尽せば、われ人のへだても、仏と衆生の隔もなくして、有無の心も、まよひといふことも、さとりといふことも、皆平等にして、さらにへだてあることをしらず、これを大心といふなり。此の心は、虚空のかぎりなきがごとし。是れ即ち一切衆生の我々の上に、元来そなはりたる本性なり。しかれども、凡夫は妄想分別の小さき心におぼれて、此の大心を見ることをしらず、色々わけへだての心あるゆえに、有無の二つにまよひ、生死の二つに隔られ、いろ〳〵に顚倒迷妄するなり。

〔現代語訳〕

摩訶般若波羅蜜多心経（摩訶般若波羅蜜多心経）

これはインド（天竺）の言葉である。「摩訶」とは、大という心である。大という心を知ろうと思うならば、まず自分の小さな心を消滅させなければならない。小心(小さな心)とは、妄想分別する心である。妄想分別があるために、自分と他者の隔てをつくり、仏（悟りを開いた人）と衆生（すべての生物、特にすべての人間）の隔てをつくり、有と無を隔て、迷いと悟りを分け、是と非、善と悪の隔てをつくる。これを小心と言う。この心を消滅させれば、自分と他者の隔ても、仏と衆生の隔てもなくなり、有と無も、迷いと悟りも、皆平等になり、まったく隔てがなくなる。これを大心（大という心）と言う。この心は、虚空（大空）のように際限がない。この心は、すなわち一切の生物や私たち人間に元来そなわっている本性である。しかし、凡夫（世間一般の人）は、妄想分別の小心におぼれて、この大心を知ろうとしない。凡夫は、色々と分け隔てをする心（小心）があるために、有と無の二つに迷い、生と死の二つに隔てられて、色々に顚倒（誤った見方・在り方）・迷妄（誤った考え）をする。

〔解説〕

〈摩訶般若波羅蜜多心経〉

これは経題です。経題は経文の要旨を表していますので、一休禅師は「摩訶般若波羅蜜多心経」の意味するところを、摩訶、般若、波羅蜜多、心、経の五つに分けて懇切丁寧に説いています。

〈摩訶とは、大といふこゝろなり。〉

「摩訶」は、梵語（古代インドのサンスクリット語）mahā の音写語で、大という意味ですが、一休禅師は、「摩訶」を大心（大という心）と解釈しています。そして一休禅師は、大心は虚空のように大きな心であり、それが私たちの本性であると説いています。

私たちの本性（本来の心）には多くの名称があります。一休禅師も、『般若心経提唱』のなかで、私たちの本性を、大心、自心、本心、一心、般若の心、仏、真空、空、覚性、真性などと呼んでいます。そこで、本書では、混乱を避けるため、私たちの本性を「仏性」と呼ぶことにします。また、一休禅師は、妄想分別する迷いの心を「小心」と呼んでいますが、小心はあまり一般的な名称ではありません。そこで、本書では「妄心（もうじん）」と呼ぶことにします。仏性、妄心のどちらも文献に比較的よく出てくる言葉です。仏教では、仏性、妄心のどちらも「心」と言いますので、私たちが禅師の言葉を解釈する際には、「心」がどちらを意味するかを正しく判断する必要があります。

**〈大（だい）といふ心（こころ）をしらんとならば、先（ま）づわが小（ち）さきこゝろをつくすべし。〉**

この言葉は、仏性（大心）を知るためには、妄心（小心）を消滅させなければならないことを表しています。

夢窓（むそう）国師（注1）は、妄心を消滅させると、仏性を知ることができることを、『二十三問答』（『校補点註　禅門法語集』）のなかで次のように説いています。

◇心をのぞきてまことの心をしるを、仏の悟と申し候。（八二頁）

〔現代語訳〕

心（妄心）を除いて、真実の心（仏性）を知ることを、仏の悟りと言う。

（注）文末の「候（そうろう）」は、丁寧な言い方に用いられる言葉です。この後も出てきますが、本書では訳しません。

夢窓国師の言葉から、悟りを開くためには、妄心を消滅させなければならないことがわかります。

**〈小心とは、妄想分別なり。〉**

この言葉は、妄心（小心）とは、妄想分別する心であることを表しています。

仏教語の「妄想」は、私たちが普段使っている「妄想」（根拠のない主観的な想像や信念）とは意味がまったく異なります。「妄想」は、『岩波仏教辞典』では、「誤った考え・想念、また迷いの心によって真実を見誤ること。凡夫の心のはたらきは、煩悩によって心が曇らされている限り、すべて妄想となるので、禅では〈莫妄想〉（妄想することなかれ）といって、心のはたらきを放棄することを説く」となっています。したがって、私たちの思慮分別は、すべて妄想分別であり、私たちが心と思っているものは、すべて妄心です。ちなみに「分別」は、『岩波仏教辞典』では、「対象を思惟し、識別する心のはたらき。すなわち普通の認識判断作用をいう。凡夫のそれは、個人の経験などによって色づけられた主観と対象としての事物との主客相対の上に成り立ち、対象を区別し分析する認識判断であるから、事物の正しいありのままの姿の認識ではなく、主観によって組み立てられた差別相対の虚構の認識にすぎない」

などとなっています。また、「無分別」は、『岩波仏教辞典』では、「分別から離れていること。主体と客体を区別し対象を言葉や概念によって分析的に把握しようとしないこと。この無分別による智慧を〈無分別智〉あるいは〈根本智〉と呼び、根本智に基づいた上で対象のさまざまなあり方をとらわれなしに知る智慧を〈後得智〉と呼ぶ。無分別を実現した心のあり方を〈無分別心〉という」となっています。

　私たち人間は、高い知能と、それに基づく思慮分別（妄想分別）により、これまで秩序ある社会をつくり、科学・文化・産業を発展させ、生活を豊かにしてきました。思慮分別は人間に特有の優れた能力ですが、その一方で、思慮分別する心（妄心）は、私たちを悟りから遠ざけ、自分や他者を苦しめる煩悩の根源でもあります。私たちが悟りを開くと、妄心が消滅して、無分別心（無分別智・後得智）が働くと言われています。

**〈この心を尽せば、われ人のへだても、仏と衆生の隔もなくして、有無の心も、まよひといふことも、さとりといふことも、皆平等にして、さらにへだてあることをしらず、これを大心といふなり。此の心は、虚空のかぎりなきがごとし。〉**

　この言葉は、仏性とは、すべてを平等一体と観る、虚空のように大きな心であることを表しています。

夢窓国師は、妄心と仏性について、『二十三問答』（『校補点註　禅門法語集』）のなかで次のように説いています。

◇源は心なり、その源にしな〳〵あれども、先づ二つなり。一には白き黒きを知り、西東をわきまへ、よろづ物を思ひはかる心なり、その心はまことの心にはあらず、かりにその身にやどるなり。（中略）二には我よ人よの隔もなく、一念おこす、よしともあしとも思はぬところの心也。この心は法界にあまねくして、ひとりぬしもなし、いできもせず、うせもせす、うつりかはることなくして、たれものこらすもちたる也、是れを仏心と申し候。（中略）この心は身なくなれどもうすることなし、身生るれとも生るゝこともなし、たゝ大空の如し、（以下略）（七二―七三頁）

〔現代語訳〕

源は心である。その源に色々あるが、とりあえず二つである。一つ目（妄心）は、白・黒を知り、西・東をわきまえ、様々なことを思いめぐらす心である。この心は真実の心ではなく、一時的に身体に宿る心である。（中略）二つ目（仏性）は、自分と他者の隔てがなく、一念（一つの思い・考え）を起こしたときに、善・悪の分別をしない心である。この心は法界（全宇宙）に遍く広がり、独り超然として主体がなく、生じることもなく、滅することもなく、移り変わることもない、誰もが持っている心である。これを仏心と言う。（中略）この心は、身体がなくなっても、滅することがなく、身体が生まれても、生じることがない。ただ大空のようである。

夢窓国師の言葉は、仏性（仏心）が不生不滅・不変・宇宙遍在・平等一体の虚空のような心であることを示しています。

**〈是れ即ち一切衆生の我々の上に、元来そなはりたる本性なり。〉**

この言葉は、仏性（大心）がすべての生物や私たち人間に元来そなわっている本性（本来の心）であることを表しています。仏教では、すべての生物に悉く仏性がそなわっていることを「一切衆生悉有仏性」と言います。仏性は、仏（悟りを開いた人）や衆生に増減なく平等にそなわっています。

月庵禅師[注2]は、仏性が仏や凡夫に増減なく平等にそなわっていることを、『月庵仮名法語』（『校補点註　禅門法語集』）のなかで次のように説いています。

◇此の心は天然にして私なし、故に仏に於ても増すことなく、凡夫にありても減する事なし、諸の善悪に於ても隔てなく、僧俗にありても異なし。（一三六頁）

〔現代語訳〕

この心（仏性）は、本然であり、無我であるので、仏であっても増すことがなく、凡夫であっても減ることがない。諸の善と悪においても隔てがなく、僧侶であっても俗人であっても異ならない。

（二）般若とは、智慧といへる義なり。このはんにやの智慧とは、凡夫の思へる分別才覚ありて、小ざかしきをいふにあらず。この分別才覚は、世間の智慧なれば、小智にて大智にあらずして、世智弁聡とて、仏道に入ることをしらず。さるによつて、小智は菩提のさまたげといへるも此の意をもつていふなり。真実般若の智といふは、妄想分別をはなれて、大虚空の如くなるをいふなり。三世の諸仏、その外もろ〱の智識たちも、皆この智慧をもつて、無上菩提をさとりたまふなり。

〔現代語訳〕

「般若」は、智慧という意味である。この般若の智慧とは、凡夫（世間一般の人）が思うような分別・才覚があり、小賢しいことを言うのではない。この分別・才覚は、世間的な知恵であるので、小智であって大智ではなく、世渡りに長けた知恵であるので、仏道に入る意義を理解しない。小智が菩提（悟り）の妨げになると言うのは、このことによる。真実の般若の智慧とは、妄想分別を離れて、心が大虚空（大空）のようになる智を言う。三世（過去・現在・未来）の諸の仏や、そのほかの諸の仏道の師たちも、皆この智慧によって無上の悟りを開かれた。

〔解説〕

**〈般若とは、智慧といへる義なり。〉**

「般若」は、梵語 prajñā の俗語形 paññā の音写語で、智慧を意味します。智慧とは、真理を明らかにする根源的な働きのことです。般若や智慧の代わりに般若の智慧という言葉もよく使われます。

本節（一）で述べましたように、私たちの本性（仏性）には多くの名称があります。それらの多くは、表現不可能な仏性の一つの側面を言い表したものであり、般若や智慧も、それらのなかの一つです。

正眼国師（注3）は、心、空、涅槃、般若、智慧などの言葉が仏性を意味することを、『心経抄』（『校補点註　続禅門法語集』）のなかで次のように説いています。

◇若し昔より心と云ふ字なくんは、何とも云ふべきやうはあるまじきなり。（中略）心と云ひ、道と云ひ、空の、菩提の、涅槃の、般若の、智恵のと云ふは、みなよき名字を付け、ほめて云ひたるものぞとしりたらば、手が離るべきなり。（二頁）

〔現代語訳〕

もし昔から「心」という字がなければ、それ（仏性）を言い表す方法はなかったであろう。（中略）心と言い、道と言い、空だの、菩提だの、涅槃だの、般若だの、智慧だのと言うのは、皆よい名前をつけて、ほめて言ったものであると知っていれば、それらの名前に執着しないであろう。

仏性は仏や衆生（すべての生物）に増減なく平等にそなわっていますので、般若（智慧）も仏や衆生に増減なく平等にそなわっています。

正眼国師は、智慧が仏や衆生に増減なく平等にそなわっていることを、『心経抄』（『校補点註　続禅門法語集』）のなかで次のように説いています。

◇此の智慧と云ふは、吾も人も、仏も祖師も、畜生も禽獣も、増すこともなく、減することもなく、同しことなり。只明かに知てわきまへたると、わきまへざるとの違ひ計なり。

（三頁）

〔現代語訳〕

この智慧は、自分も他者も、仏も祖師（一宗一派の開祖）も、畜生も禽獣も、増すこともなく、減ることもなく、同じようにそなわっている。ただ明らかに知って、わきまえているか、わきまえていないかの違いだけである。

**〈この分別才覚は、世間の智慧なれば、小智にて大智にあらずして、〉**

本書では、真理を明らかにする根源的な働き（大智）を智慧、そして凡夫の分別・才覚（小智）を知恵と表記します。

**〈真実般若の智といふは、妄想分別をはなれて、大虚空の如くなるをいふなり。〉**

「妄想分別をはなれて」は、「無心になって」を意味します。「無心」は、『岩波仏教辞典』では、「〈心〉とは心の働きで、その働きがないことを〈無心〉という。（中略）心は対象に具体的な相を認めて働き、その相にとらわれるが、そのようなとらわれ、迷いを脱した心の状態（無心）こそが真理（法）を観照できるとされる。禅宗では『無念を宗とす』〔頓悟要門など〕として、無念無想、つまり無心の状態を重んずる」などとなっています。

月庵禅師は、妄想分別する心（妄心）が起こらなければ、すべての心境が真実の悟りであることを、『月庵仮名法語』（『校補点註　禅門法語集』）のなかで次のように説いています。

◇分別なければ妄想おこらす。たた一切迷倒の見は、妄心の分別によれり。妄心起らされは、一切の心境、皆是れ正真の大道なり。（二六五頁）

〔現代語訳〕

分別がなければ、妄想は起こらない。すべての心の迷いによる誤った見方は、ただ妄心の分別による。妄心が起こらなければ、すべての心境が真実の悟りである。

〈**三世**（さんぜ）**の諸仏**（しょぶつ）**、その外**（ほか）**もろ〳〵の智識**（ちしき）**たちも、**〉

「三世」には、過去・現在・未来、あるいは過去世・現在世・未来世（前世・現世・来世）の二つの意味があります。この場合は、過去・現在・未来を意味します。

（三―一）波羅蜜多とは、彼岸にいたるといふ意也。彼岸とは、かの岸とよめり。凡夫は、まよへるゆえに、生死苦界をわたる事をしらず、生死流転するを、此岸といふなり。此岸とは、この岸とよめり。仏ぼさつは、般若の智慧によつて、一切の諸法は、みな空にして、元より生死もしらず、滅しもせずといふ道理をさとつて、はんにやの船にのりて、生死の苦界を渡り過ぎて、不生不滅の涅槃の岸にいたるを、彼岸とはいふなり。則ち涅槃は、生ぜず滅せずといふ義なり。こゝに至るを、極楽といふなり。おほよそ人間の種々無量の苦をうくるは、生死のふたつに因てなり。生を願ふては楽を好み、死をいとひては苦をうくる。たのしみを求めてもあたはざれば、楽もくるしみとなる。

〔現代語訳〕

「波羅蜜多」は、彼岸に到るという意味である。彼岸は、「かの岸」とも読む。凡夫（世間一般の人）は心が迷っている（妄心が働いている）ので、生死の苦界を渡って彼岸に行くことを知らない。生死流転する（生と死を限りなく繰り返す）所を此岸と言う。此岸は、「この岸」とも読む。仏と菩薩は、般若の智慧により、一切の諸法（すべての事物）は空（実体がないこと）であり、もともと生じることもなく、*滅することもないという道理を明らかに知り、般若の船に乗って生死の苦界を渡り終わって、不生不滅の涅槃（すべての煩悩が消滅した悟りの境地）の岸に到る。そこを彼岸と言う。すなわち、涅槃は、「生ぜず滅せず」という意味である。そして、そこに到ることを、極楽（阿弥陀仏の浄土）に到ると言う。およそ人間が非常に多くの様々な苦を受けるのは、生と死の二つによる。生を願っては楽を好み、死を厭うては苦を受ける。楽しみを求めても、得られなければ、楽しみも苦しみとなる。

＊修正前　生死もしらず、修正後　生じもせず

〔解説〕

〈**波羅蜜多とは、彼岸にいたるといふ意也。**〉

「波羅蜜多」は、梵語 pāramitā の音写語で、彼岸に到ること、あるいは彼岸に到る修行を意味します。彼岸は涅槃のことですので、彼岸に到るとは、涅槃に到る、すなわち悟りを開くという意味です。波羅蜜多は、波羅蜜とも言います。

般若と波羅蜜多を合わせた「般若波羅蜜多」は、『摩訶般若波羅蜜多心経』の経題だけでなく、経文のなかに五回も出てくる重要な言葉です。般若波羅蜜多は、般若波羅蜜とも言います。

一般に、般若波羅蜜多は智慧の完成と解釈されることが多いようですが、本書では、一休禅

師の解釈に従って、般若の智慧によって彼岸に到る修行を意味すると解釈します。第四節（一二）のテキストにある「この観自在菩薩は、般若の深き智慧をもつて、生死の苦界を越て、彼岸にいたる法を修行す、時に」という言葉（これは、「観自在菩薩。行深般若波羅蜜多時」を解釈した言葉です）、そして第十六節のテキストにある「依般若波羅蜜多故。心無罣碍。／といふ心は、菩薩般若の空智によつて修行す。ゆえに心虚空界の如くなる事をさとりて、一切の業障にさえられず」という言葉は、一休禅師が般若波羅蜜多を「般若の智慧によって彼岸に到る修行」と解釈していることを示しています。

**〈凡夫は、まよへるゆえに、生死苦界をわたる事をしらず、生死流転するを、此岸といふなり。〉**

「生死流転」は、生と死を限りなく繰り返すこと、すなわち輪廻転生を意味します。

鉄眼禅師(注4)は、これまで凡夫が何度も輪廻転生してきたことを、『鉄眼仮名法語』（『校補点註　禅門法語集』）のなかで次のように説いています。

◇この妄想を夢ぞとしらざる故に、無始久遠のいにしへより、今生今日にいたるまで、その輪廻たえずして、（以下略）（三五〇頁）

〔現代語訳〕

この妄想を夢だと知らないために、限りなく遠い昔から現在世の今日に至るまで、その輪廻は絶えずに続いてきた。

私たちは心が迷っているために、これまで何度も輪廻転生してきましたが、彼岸に到る（悟りを開く）と、輪廻転生から解放されます。

**〈仏(ぶつ)ぼさつは、般若(はんにゃ)の智慧(ちえ)によつて、一切(いっさい)の諸法(しょほう)は、みな空(くう)にして、元(もと)より生死(しょうじ)もしらず、滅(めっ)しもせずといふ道理(どうり)をさとつて、〉**

現代語訳では、テキストの「生死(しょうじ)もしらず」を「生(しょう)じもせず」に修正して訳しました。標記の言葉は、真実の世界（現象世界の実相〔真実の相(すがた)〕）では、すべての事物が空（実体がないこと）であり、生じることも滅することもないことを表しています。

大応(だいおう)国師(注5)は、すべての事物が空であることを、『大応仮名法語』（『校補点註　続禅門法語集』）のなかで次のように説いています。

◇仏の諸法は夢に似たり又幻の如しと説き玉ふ。夢みるときは、善も悪も有り〱と思へども、覚めて見たれば何もなし。（中略）されとも夢も実は無けれとも、悪しき夢を見る時は、苦痛堪へ難し、吉夢を見る時は、喜ひ楽む。凡夫は此念のうちにして、生死の

深き夢を見る。（十頁）

〔現代語訳〕

仏は、諸法（すべての事物）は夢に似ている、あるいは幻のようなものであると説かれている。夢を見ているときは、善も悪もはっきりと存在するように思われるが、覚めてみれば、何もない。（中略）夢は本当は存在しないが、悪い夢を見るとき、苦痛は堪えがたく、よい夢を見るとき、喜び楽しむ。凡夫は、この妄念（迷いの心）のなかで、生死の深い夢を見る。

私たちが睡眠中に見る夢のなかでは、すべての事物に実体がありません。また、私たちが映画を観るとき、スクリーン上のすべての映像にも実体がありません。実体のない物はもともと存在しませんので、生じることも滅することもありません。同様に、真実の世界では、すべての事物に実体がありませんので、生じることも滅することもありません。

現象世界（私たちが認識している世界）は、一切皆空の真実の世界が、私たちの心の迷い（妄心の働き）により、実体のあるもの（実在するもの）として認識された仮の世界です。私たちは、妄心が消滅するまで（悟りを開くまで）、自分の本性（仏性）を知ることも、真実の世界を観ることもできません。

**〈則ち涅槃は、生ぜず滅せずといふ義なり。〉**

「涅槃」は、すべての煩悩が消滅した悟りの境地を意味します。そして、その特性は、「常楽我浄」（永遠・安楽・絶対・清浄）で表されます。これを涅槃の四徳と言います。涅槃は、心、空、般若、智慧などと同様に、表現不可能な仏性の一つの側面を言い表した言葉です。したがって、「常楽我浄」は仏性の特性を表した言葉でもあります。

（三―二）さるほどに、般若の智慧をもつて、自心は、もとより空にして生ぜず滅せず、ひつきやう空なりと悟れば、生死のいとふべきこともなく、楽もなく、之を真の極楽といふなり。こゝにいたるを、彼岸に到るといふなり。到るといへば、田舎より京へのぼるやうなことにはあらず、一念生ぜざれば其の立処すなはち西方極楽なり。あるひは、自心の外に極楽を求めなば、いよ〳〵遠く十万億土をへだてゝ、終にいたることあたはず。自心すなはち仏たることをさとれば、阿弥陀をねがふに及ばず、自心の外に浄土なし、かくいふとも求むべからず。自惑をもつて自心を求むる道理なきによつてなり。たとへば、我が目とわが目を見ざるが如し。たとへば、宝を手に持ちながら、うしなひたりとおもふは、迷ふが故なり。自心元来ほとけなるを、外にたづね、あるひは、自心の上に於てもとむるは、失はざる宝を失なへりとおもふが如し。たゞ尋ねもとめず、捨て ず取らざれば、おのづから仏の心にかなふなり。

〔現代語訳〕

そこで、般若の智慧により、自心（自分の本来の心）はもともと空（実体のないこと）であり、生じることもなく、滅することもなく、つまるところ空（仏性）であることを明らかに知れば、生死を厭うべきこともなく、苦楽*もない。これを真の極楽と言い、そこに到ることを、彼岸に到ると言う。到ると言っても、田舎から京の都に上るようなことではない。妄心の念（思い・考え）が一つも生じなければ、今いる所が、そのまま西方極楽（西方十万億の仏土を過ぎた所にある阿弥陀仏の浄土）である。もし自心のほかに極楽を探し求めるならば、極楽はますます遠ざかり、十万億土も隔たって、ついに到達することができない。自心が仏であることを明らかに知れば、阿弥陀仏に願う必要もない。自心のほかに浄土はないからである。だからといって、自心を求めてはならない。なぜなら、迷いの心（妄心）で自心を求める道理はないからである。たとえば、自分の目で自分の目を見ることがないようなものである。また、たとえば、宝を手に持っているのに、宝を失ったと思うのは、心が迷っているからである。自心がもともと仏であるのに、それ（仏）をほかに探したり、あるいは自心の上に求めることは、失っていない宝を失ったと思うようなものである。ただ探し求めず、捨てず、とらえようとしなければ、自然に仏の心にかなうようになる。

＊修正前　楽、修正後　苦楽

〔解説〕

**〈自心は、もとより空にして、生ぜず滅せず、ひつきやう空なりと悟れば、〉**

この言葉は、自心が不生不滅の仏性（空）であることを表しています。「自心すなはち仏たることをさとれば」「自心元来ほとけなるを」という言葉も、自心が仏性であることを表しています。空が仏性を意味することについては、本節（二）で、正眼国師の「若し昔より心と云ふ字なくんは、何とも云ふべきやうはあるまじきなり。（中略）心と云ひ、道と云ひ、空の、菩提の、涅槃の、般若の、智恵のと云ふは、みなよき名字を付け、ほめて云ひたるものぞとしりたらば、手が離るべきなり」という言葉を紹介しました。また、第六節（二）で、鉄眼禅師の「空といふは真空、真空は法身、法身は如来の事なり」という言葉を紹介します。

**〈到るといへば、田舎より京へのぼるやうなことにはあらず、一念生ぜざれば其の立処すなはち西方極楽なり。〉**

本節（三―一）のテキストに、「はんにやの船にのりて、生死の苦界を渡り過ぎて、不生不滅の涅槃の岸にいたるを、彼岸とはいふなり」という言葉がありました。この言葉は、「波羅蜜多」の意味するところをわかりやすく説明したものであり、真実を正しく言い表したものではありません。真実は、此岸（苦界）は私たちの迷いの心（妄心）にあり、彼岸（涅槃）は私たちの本来の心（仏性）にある、ということです。したがって、妄心が消滅すれば、そのとき、そこが、そのまま西方極楽です。本節（二）で紹介した月庵禅師の「妄心起らされは、一切の心境、皆是れ正真の大道なり」という言葉も、標記の言葉とほぼ同じことを表しています。

**〈自心の外に極楽を求めなば、いよ〳〵遠く十万億土をへだてゝ、終にいたることあたはず。〉**

この言葉は、極楽は自心にあるので、自心を離れて極楽を探し求めてはならないことを表しています。

大応国師は、自心を離れて仏（仏性）を探し求めてはならないことを、『大応仮名法語』（『校補点註　続禅門法語集』）のなかで次のように説いています。

◇祖師云、即心即仏と。又心の外に仏無し。心を離て仏を求むれば、地を掘て天を求むるが如しと云へり。（一五頁）

〔現代語訳〕

祖師（一宗一派の開祖）は、即心即仏（衆生の心〔本来の心〕が、すなわち仏である）と言っている。また、心のほかに仏はないので、心を離れて仏を探し求めれば、地面を掘って、天を探し求めるようなものであると言っている。

**〈自心の外に浄土なし、かくいふとも求むべからず。自惑をもつて自心を求むる道理なきによつてなり。（中略）たゞ尋ねもとめず、捨てず取らざれば、おのづから仏の心にかなふなり。〉**

この言葉は、極楽浄土に到る（悟りを開く）ためには、自心の探求、取捨選択などの妄想分別を離れなければならないことを表しています。

大応国師は、妄想分別しながら修行すれば、何も成果が得られないことを、『大応仮名法語』（『校補点註　続禅門法語集』）のなかで次のように説いています。

◇有心にして求め、有念にして行すれば、棒を挙て月を打ち、履を隔て痒を掻くに殊ならず。（四頁）

〔現代語訳〕

妄心を働かせながら悟りを求め、妄想しながら修行すれば、棒を振り上げて夜空の月を打ち、履物を隔てて足の裏の痒い所を掻くのと異ならない。

妄想分別は妄心の活動そのものです。したがって、私たちが妄想分別している間は、妄心は決して消滅しません。妄心を消滅させるためには、妄想分別を離れる（無心になる）必要があります。

（四）心経とは、すなはち般若の心なり。此の般若の心は、一切衆生もとよりそなはりたる心なり。愚痴無明のくらきにもくらまされず、煩悩妄想のけがれにもそまず。元より生ぜず滅せず、故に生死の流転をもうけず、有にあらず無にあらず、中道にも止らず、一切本来空寂にして、取る事もあたはず、詞にもいひがたく、心をもつて量りがたし。一切の想をはなれたり。釈尊一代の間、色々にとき給へども、終にとき尽すこと能はず。神妙ふしぎなるもの。

〔現代語訳〕

「心経」の心とは、すなわち般若の心（仏性）である。この般若の心は、すべての衆生（人々）に元来そなわっている心である。この心は、愚かさや無明（真理に暗いこと）の闇にもくらまされず、煩悩や妄想のけがれにも染まらず、もともと不生不滅であるので、生死流転（輪廻転生）を受けず、また、有でもなく、無でもなく、非有非無の中道にも止まらない。般若の心はもともと空寂（実体がないこと）であって、とらえることができないものであり、言葉で表現することも、心で推量することも難しいものである。すべての思考を超えている。釈尊（お釈迦様）は般若の心について一生をかけて色々と説かれたが、ついに説き尽くすことができなかった。般若の心は、神妙（人間の知恵を超えていること）にして不思議なものである。

＊修正前　心経とは、　修正後　心経の心とは

〔解説〕

**〈心経とは、すなはち般若の心なり。〉**

「摩訶」「般若」「波羅蜜多」は、いずれも梵語の音写語ですが、「心経」は漢語です。本節（五）のテキストが、「経とは」で始まっていますので、標記の「心経とは」を「心経の心とは」に修正して訳しました。

**〈此の般若の心は、一切衆生もとよりそなはりたる心なり。（中略）煩悩妄想のけがれにもそまず。〉**

この言葉は、すべての衆生に元来そなわっている般若の心（仏性）が、煩悩や妄想にけがされることなく、常に清浄であることを表しています。仏性は、常に清浄であることから、自性清浄心、本源清浄仏などとも呼ばれています。本節（三―一）で紹介した涅槃の四徳（常楽我浄）も、仏性（涅槃）が常に清浄であることを表しています。

**〈元より生ぜず滅せず、故に生死の流転をもうけず、有にあらず無にあらず、中道にも止らず、本来空寂にして、取る事もあたはず、詞にもいひがたく、心をもつて量りがたし。一切の想をはなれたり。〉**

この言葉は、般若の心（仏性）が生滅・有無などの二元性や私たちの思考・理解を超えた虚空のような心であることを表しています。

正眼国師は、仏性が生滅・有無などの二元性や私たちの思考を超えていることを、『心経抄』（『校補点註　続禅門法語集』）のなかで次のように説いています。

◇人々本来明かなる心なり。始なきか故に終あることなく、草木国土、十方世界、常住一相の心にして、終に迷ひも悟りもせぬ物なり。（中略）一切言説を離れ、有無にあらす、声色にあらず、名も無く、相もなきなり、手も付られす、思惟も及ばぬ物なり。（中略）此の如く兎も角も云ふべきやうはないに依て、心と名つけたるなり。（一—二頁）

〔現代語訳〕

人々に元来そなわっている明らかな心（仏性）である。この心は、始まりがないので、終りもなく、草木・国土、十方世界（全世界）と平等一体、常住（不生不滅・不変）の心であり、決して迷いも悟りもしないものである。（中略）すべての言葉による説明を離れ、有・無のどちらでもなく、耳や目の知覚対象でもなく、名前もなく、相もなく、手も付けられず、思惟（思考）も及ばないものである。（中略）このように、ともかく言葉で表現する方法がないので、「心」と名付けられた。

（五）経とは、詞にあらはし、文字に書きうつしたるを心経といふにあらず、此の経は、則ち自心をさしていふなり。文字に書きたるは文字般若なり。自心をはなれて、外に文字にて書きたる経をもとめなば、是れ即ち愚痴の心なり。はんにやの智慧にそむくなり。念々皆般若経なり。たゞ口にとくばかりにて、こゝろはんにやならねば、隣のたからをかぞふるが如し。仏この経をとき給ふことは、はんにや本覚の智慧をもつて、一切の衆生をして、妄心妄念を除き正さしめて、生死大海のこの岸をわかれて、不生不滅のねはんの彼岸にいたらしめて、衆生をして本心本性を見せしめんがためなり。此の故に般若波羅蜜多心経と名くるなり。

〔現代語訳〕

「心経」の経について説明すると、言葉に表し、文字に書き写したものを「心経」と言うのではない。この経は、すなわち自心（自分の本来の心）のことである。文字で書かれたものは文字般若である。自心を離れて、ほかに文字で書かれた経を探し求めたならば、それは愚かな心によるものであり、般若の智慧にそむくことになる。一瞬一瞬のすべてが般若経である。ただ経を唱えるだけで、心般若でなければ、隣の家の宝を数えるようなものである。仏がこの経を説かれたのは、すべての衆生（人々）が、般若本覚の智慧（すべての衆生に元来そなわっている般若の智慧）により、妄心・妄念を除き、生き方を改め、生死大海の此岸より不生不滅の彼岸（涅槃）に渡って、自分の本心・本性（仏性）を知るように導くためである。このような訳で、『般若波羅蜜多心経』と名付けられた。

〔解説〕

**〈自心をはなれて、外に文字にて書きたる経をもとめなば、是れ即ち愚痴の心なり。はんにやの智慧にそむくなり。〉**

この言葉は、般若の智慧によって彼岸に到るためには、自心（自分の本来の心＝仏性）を離れてはならないことを表しています。本節（三―二）で紹介した大応国師の「心を離て仏を求むれば、地を堀て天を求むるが如しと云へり」という言葉も、ほぼ同じことを表しています。なお、自心を離れるとは、妄想分別する（妄心を働かせる）ことです。

第五章で説明しますが、私たちは誰でも、今この瞬間、仏性として在ります。般若の智慧が働いているのも、今この瞬間だけです。妄心は今この瞬間に存在することができませんので、過去（今この瞬間より前）と未来（今この瞬間より後）を忙しく行き来しながら無数の妄想分別をしています。そのため、私たちは、自分が仏性であることを忘れて、現象世界で個人として生活している夢を見ています。したがって、私たちが般若の智慧により夢から覚めるためには、妄想分別を離れて、今この瞬間を生きる必要があります。私たちが無心に坐禅をしているとき、あるいは仕事、趣味、誦経、写経、念仏などに没頭して、三昧（心が統一されて、安定した状態）になっているとき、私たちは妄想分別を離れて、今この瞬間を生きています。このとき、私たちは仏性としてただ在ります。

**〈念々皆般若経なり。たゞ口にとくばかりにて、こゝろはんにやならねば、隣のたからをかぞふるが如し。〉**

「念念」には、一瞬一瞬におこる思い、一瞬一瞬などの意味がありますが、この場合は、一瞬一瞬を意味すると考えられます。次の「般若経」を文字通りに解釈すると、「念々皆般若経なり」の意味が通りません。テキストの最初の部分に、「此の経は、則ち自心をさしていふなり」という言葉がありますので、「般若経」を自心の般若、すなわち般若の智慧と解釈すると、意味が通るようになります。すなわち、標記の言葉は、「一瞬一瞬のすべてに、般若の智慧が働いている。いくら『般若心経』を唱えても、妄想分別を離れて、般若の心（仏性）として在るのでなければ、無駄な努力である」と解釈することができます。

## 第二節　観自在菩薩

**観自在菩薩**。
是れ則ちこの般若を修行する菩薩なり。般若の智慧を以て、自心のもとを清浄にして、煩悩のけがれをうけず、不生不滅、不去不来、空なることを観念して、一切のものにさはらず、自由自在なり。たとへば、万物の虚空に中にあれども、虚空をさへぎらざるが如し。菩薩とは、さとれる衆生といふ心なり。去るほどに、心なければ、人々みな観自在なり。外を求むべからず。

〔現代語訳〕
観自在菩薩。（観自在菩薩は、）

この人は、般若を修行する菩薩である。この菩薩は、自心（自分の本来の心）がもともと＊清浄であり、煩悩のけがれを受けず、生じることもなく、滅することもなく、去ることもなく、来ることもなく、虚空（大空）のようであることを、般若の智慧により観照したので、何物にも妨げられることなく、自由自在である。たとえば、万物が虚空のなかにあっても、それらが虚空を妨げないようなものである。菩薩とは、悟りを開いた衆生（人々）という意味である。したがって、心（妄心）がなければ、すべての人が観自在である。ほかを求めてはならない。

＊修正前　自心のもとを、修正後　自心のもとより

〔解説〕

**〈観自在菩薩。〉**

「観自在」は、すべての事物の実相（真実の相）を観ることが自由自在であることを意味します。「菩薩」は、梵語 bodhisattva の俗語（短縮形）の音写語と言われています。菩薩には、仏道修行者という意味もありますが、この場合は、悟りを開いた後も如来にならずに、人々を救済する仏を意味します。観自在菩薩は、観世音菩薩（観音菩薩）とも呼ばれています。

**〈自心のもとを清浄にして、〉**

この言葉を文字通りに解釈すると、もともと清浄な自心（仏性）のもとを清浄にすることになり、意味が通りません。そこで、現代語訳では、テキストの「自心のもとを」を「自心のもとより」に修正して訳しました。なお、仏性が清浄であることについては、第一節（四）のテキストに、「此の般若の心は、一切衆生もとよりそなはりたる心なり。（中略）煩悩妄想のけがれにもそまず」という言葉があります。

**〈不生不滅、不去不来、空なることを観念して、〉**

通常、「観念」は、真理・仏などの対象に心を集中して、観察・思念することを意味しますが、この場合は、別の解釈の方が良さそうです。第四節（一）のテキストに、「照見とは、てらし見るなり。観念の心なり」という言葉があります。「照見」は、般若の智慧の光明によって事物の実相を見る（観る）こと、すなわち観照を意味します。一休禅師は「観念」を照見あるいは観照と同じ意味で用いていますので、本書では、テキスト中の「観念」は、すべて観照を意味すると解釈します。

**〈心なければ、人々みな観自在なり。外を求むべからず。〉**

この言葉は、悟りを開くためには、心（妄心）を消滅させることに集中しなければならないことを表しています。

## 第三節　行深般若波羅蜜多時

**行深般若波羅蜜多時。**

（一）行とは、修行することなり。深般若とは、ふかき智慧なり、世間よの常のあさき有漏の智慧にはあらず、真実出世無漏の智なり。漏とは煩悩をいふなり。有漏には、煩悩ありといふ義。無漏とは、煩悩なしといふ心なり。有漏の智は、妄想分別なれば、世間のうちを出でず、無漏の智は、煩悩妄想をはなれて、三界を出離する智慧なれば、出世無漏の智といふなり。則ちこの般若の真空実相のことなり。

〔現代語訳〕

行深般若波羅蜜多時。（深き般若波羅蜜多を行ぜし時、）

「行」とは、修行することである。「深般若」とは、深い智慧のことである。世間一般の浅い有漏の知恵ではなく、真実の出世無漏の智である。漏とは、煩悩のことである。有漏は煩悩があることを意味し、無漏は煩悩がないことを意味する。有漏の知恵は妄想分別であるので、世俗的なものである。無漏の智慧は、煩悩や妄想を離れて、三界（衆生が輪廻転生する三つの迷いの界）を超越する智慧であるので、出世無漏の智と言う。すなわち、この般若の真空実相の智（般若の智慧）のことである。

〔解説〕

**〈行深般若波羅蜜多時。〉**

「般若波羅蜜多」は、般若の智慧によって彼岸に到る修行を意味します。

**〈真実出世無漏の智なり。〉**

「出世」は、世間（現象世界）を出離（超越）することを意味し、「無漏」は、煩悩がない境地を意味します。したがって、「真実出世無漏の智」とは、般若の智慧（真理を明らかにする根源的な働き）のことです。

**〈三界を出離する智慧なれば、〉**

仏教では、衆生が輪廻転生する迷いの界（領域）を、欲界（婬欲・食欲の盛んな衆生の住む界）・色界（物質的制約は残るものの、欲望を離れた衆生の住む界）・無色界（物質を超えた高度に精神的な界）の三つに分けています。これらを総称して三界と言います。私たちは、仏道修行により、どれほど崇高な境地に達しても、悟りを開かない限り、輪廻転生から逃れることはできません。

（二）波羅蜜多とは、ひがんに至るといふ義なり。則ち此のぼさつの修行する法をいふなり。又、時とは、この菩薩の般若を修行する時なり。修行するといへば、修行仕つくし、すべきことのなき所に到り得たるを般若の修行とはいふなり。般若は、畢竟空なるが故なり。此の空の上に修行すべき道理なし。修行すべき事のなき処にいたり得るを修行とはいふなり。是は僧俗のへだてなく、士農工商ともに業体とすべき道を修行なし尽し、其の身の職分また一つくらからぬ所にいたりぬるを示し給ふなり。万法出離の修行とは、実に仏菩薩の上ならでは、成し得がたしといへども、銘々受もちたる一業を修行しつくし、その道にくらからずば、人たるべきなり。時とは、何業にもせよ、学び得べき時あればなり。其の習ひ学ぶべき時を、等閑に年老て後悔する事かず多し。わかきといふとも、時ありとしりたるを、一業の智見といふべし。

〔現代語訳〕

「波羅蜜多」は、彼岸に到るという意味である。すなわち、この菩薩が修行する法を言う。また、「時」とは、この菩薩が般若を修行する時のことである。修行すると言っても、修行し尽くし、これ以上なすべきことがない所に到達できていること、これを般若の修行と言う。その理由は、般若とは、つまるところ空（仏性）であるからである。この空の上には修行すべき道理がない。修行すべきことがない所に到達できることを修行と言う。これは、僧侶と俗人の隔てなく、士農工商のどれであっても、自分が職業とすべき道で修行を極めて、何一つわからないことがないレベルに到達したことを示している。万法（すべての事物）を超越するための修行は、仏や菩薩でなければ成し遂げるのが難しいが、それぞれ自分の職業で修行し尽して、その道によく通じていれば、その人も立派な人に違いない。時について説明すると、どのような職業でも学んで体得すべき時がある。その習い学ぶべき時をなおざりに過ごして、年老いてから後悔することが多い。若い人でも、そのような時があると知っていることを、一業の智見（智慧に基づいた見解）と言うことができる。

〔解説〕

**〈般若は、畢竟空なるが故なり。此の空の上に修行すべき道理なし。〉**

「空」は、仏性を意味します。第一節（二）で述べましたように、私たちの本性（仏性）には多くの名称があります。それらの多くは、表現不可能な仏性の一つの側面を言い表したものであり、般若や空もそれらのなかの一つです。

**〈銘々受もちたる一業を修行しつくし、その道にくらからずば、人たるべきなり。〉**

この言葉は、どのような職業の人でも、徹底的に修行して、自分の仕事を極めることが重要であることを示しています。第五章で紹介しますが、原田雪溪禅師は、「忙しくて坐禅ができないとか、佛教を知識としてどう知らなければならないかということにまったく関係なく、安心して自分の仕事に今まで以上に精力を注いで、三昧になっていただきたい。それが、すなわち修証不二、禅の究極です」と説いています。この言葉は、私たちが自分の仕事に没頭することが、禅の修行の観点からも重要であることを示しています。

## 第四節　照見五蘊皆空　度一切苦厄

**照見五蘊皆空。**

（一）照見とは、てらし見るなり。観念の心なり。

五蘊とは五つをつゝみあつむる意なり。五つとは、一つには色なり、地水火風のかりに和合したる色かたちある身といふなり。二つには受なり、うくるとよむ。苦楽をうくるをいふなり。三つには想なり、おもふとよむ。深く思ひたづぬるをいふなり。四つには行なり、おこなふとよむ。五つには識なり。いろ〳〵の分別をなすものなり。受と想と行との三つも、この識の分別よりおこるなり。この五蘊は、畢竟、色心の二法なり。色とは、地水火風の四大が仮りに和合して、色かたちのあれば、色法といふなり。受想行識の四つは、心のなすわざなれば心法なり。五蘊のうちに識といふものが、先づ最初に何事につけても分別をおこすなり。たとへば、苦楽などの事につけても、これは苦なり、これは楽なりと、分別するものは、識なり。さて、分別によりて、楽を楽なりと心にうけ入れ、苦をば苦なりと心にうけ入れおくを受といふなり。さて、又、其の苦の事をあいついで、たえずいろ〳〵におもひたづねてやまぬは、想なり。さて、又、思ひ尋ねてやまず、終にその苦楽などの事をくはだてゝなすは行なり。其のなすわざの善悪によりて、未来に餓鬼畜生などのあしき身に生れ、或は、人間、天人などの身をうくるは色なり。則ち色身の事なり。

〔現代語訳〕

照見五蘊皆空。（五蘊皆空なりと照見して、）

「照見」とは、照らし見る（観る）ことである。観照を意味する。

「五蘊」は、五つのことを包み集めることを意味する。五つのなかの一つ目は色である。地・水・火・風が一時的に集合して形成された、色・形のある身体のことである。二つ目は受である。訓読では「うける」と読み、苦楽を受けることを言う。三つ目は想である。訓読では

「おもう」と読む。深く思いめぐらすことを言う。四つ目は行（ぎょう）である。訓読では「おこなう」と読む。五つ目は識（しき）である。色々な分別をするものである。受・想・行の三つも、この識の分別により起こる。この五蘊は、つまるところ色と心の二法からなる。色とは、地・水・火・風の四大（しだい）が一時的に集合して、色・形を形成したものであるので、これを色法と言う。受・想・行・識の四つは、心の働き（精神活動）であるので、これは心法である。五蘊のなかで、何事についても識が最初に分別を起こす。たとえば、苦楽などのことについて、これは苦である、これは楽であると分別するのが、識である。次に、分別により、楽を楽として心に受け入れ、苦を苦として心に受け入れるのが、受である。また、心に受け入れた苦楽*のことを絶えず色々と思いめぐらし続けるのが、想である。そして思いめぐらし続けて、ついに苦楽などのことを思い立って、実行しようとするのが、行である。その行為の善悪に応じて、未来世に餓鬼（がき）・畜生（ちくしょう）などの悪道（あくどう）の身体を受け、あるいは人間・天人などの身体を受けるのが、色、すなわち色身である。

＊修正前　苦（く）、修正後　苦楽（くらく）

〔解説〕

**〈照見五蘊皆空。〉**

「五蘊」は、色蘊・受蘊・想蘊・行蘊・識蘊（色・受・想・行・識）の総称です。色蘊は身体を意味しますが、物質的存在を意味することもあります。受蘊・想蘊・行蘊・識蘊の四つは心の働き（精神活動）です。

**〈照見とは、てらし見るなり。観念の心なり。〉**

「照見」は、般若の智慧の光明によって事物の実相を見る（観る）こと、すなわち観照を意味します。第二節で述べましたように、一休禅師は「観念」を照見あるいは観照と同じ意味で用いていますので、本書では、テキスト中の「観念」は、すべて観照を意味すると解釈します。

**〈色とは、地水火風の四大が仮りに和合して、色かたちのあれば、色法といふなり。〉**

現代に生きる私たちは、物質が分子や原子の集まりであることを知っていますが、仏教では、古代インドの時代から、物質は地・水・火・風の四大で構成されると説かれていました。四大の地は固さ（身体では骨・筋肉など）、水は湿性（身体では血液・リンパ液など）、火は熱さ（身体では体温）、風は動き（身体では呼吸・運動など）を本質・作用とします。

**〈其のなすわざの善悪によりて、未来に餓鬼畜生などのあしき身に生れ、或は、人間、天人などの身をうくるは色なり。〉**

仏教では、衆生（人々）は、過去に積み重ねた身口意の三業（身体的行為・言語表現・精神活動の三つの行為）の善悪に応じて、六道（天・人間・修羅・畜生・餓鬼・地獄）のいずれかに転生する（生れ変わる）と説いています。畜生・餓鬼・地獄の三つを三悪道と言います。

現象世界には無数の生物が存在しますが、そのなかで、悟りを開くことができるのは人間だけです。その人間が、いかなる因縁（原因）があるにせよ、より下等な畜生などに転生することは、道理に合いません。仏教には、「諸悪莫作　衆善奉行　自浄其意　是諸仏教」（諸の悪をなさず、多くの善を行い、自らその意を浄めること、これが諸の仏の教えである）という有名な詩句（七仏通戒偈）があります。この詩句は、最古の仏教聖典の一つである『ダンマパダ』の一節を漢訳したもので、仏教思想を一偈に要約したものと見なされています。私は、おそらく六道輪廻はこの教えを衆生に実践させるための方便として説かれたものであり、人間は人間にしか転生しないと考えています。なお、私たちは、自分がつくった身口意の三業の善悪に応じて、未来（現在世または未来世）にその報いを受けます。これを因果応報と言いますが、これについては、第十二節（二）で、夢窓国師の言葉を紹介します。

（二）五蘊元来自性なし、四大無主なれ共、衆生は愚痴なるが故にまよひ、真実に有と執着して、此の四大仮和合の身を、我身なりとおもひ、受想行識の四蘊を我が本心なりと思ひ、わが身を愛する故に、苦をいとひ楽をねがひて、色々の業を作りて無量の苦をうく。五道六道に輪廻して、つひに苦厄まぬかれがたし。しかるに、この観自在菩薩は、般若の深き智慧をもつて、生死の苦界を越て、彼岸にいたる法を修行す、時に五蘊本来空にして、四大無我なる事を観念して、もろ〳〵の苦をまぬかれ給ふなり。さて又、般若の御法をときて、苦界にしづみたる衆生どもをすくひたすけて、生死の此岸より彼岸にいたらしむるゆえに、**度一切苦厄**といふなり。

〔現代語訳〕

五蘊（色・受・想・行・識＝身心）にはもともと自性（固有の本体）がなく、四大（地・水・火・風）にも主体がない。しかし、衆生（人々）は愚かであるために迷い、五蘊を本当に存在するものと思って執着し、この四大が一時的に集合して形成された身体を自分の身体と思い、受・想・行・識の四蘊（精神活動）を自分の本心と思う。そして自分の身体を愛するために、苦を厭い、楽を願って、色々な業（身口意の三業）をつくり、非常に多くの苦を受ける。また、五道（天・人間・畜生・餓鬼・地獄）あるいは六道（天・人間・修羅・畜生・餓鬼・地獄）に輪廻して、結局、苦難や災厄をまぬがれることは難しい。一方、観自在菩薩は、般若の深い智慧により生死の苦界（此岸）を越えて彼岸（涅槃）に到る法を修行をしていたときに、五蘊がもともと空（実体がないこと）であり、四大が無我であることを観照して、諸の苦をまぬがれられた。そして菩薩は、般若の御法（真理）を説いて、苦界に沈んでいる衆生を救い助け、生死の此岸より彼岸に到らせるので、「度一切苦厄」（一切の苦厄を度したまへり）と言う。

〔解説〕

**〈五蘊元来自性なし、四大無主なれ共、衆生は愚痴なるが故にまよひ、真実に有と執着して、〉**

私たちは、心が迷っている（妄心が働いている）ために、自分の身心は確かに存在すると思っていますが、真実の世界（現象世界の実相）では、身心やすべての事物が空です。

鉄眼禅師は、身心やすべての事物が空であることを、『鉄眼仮名法語』（『校補点註　禅門法語集』）のなかで次のように説いています。

◇わが身本より幻なれば、そのこゝろもまた幻なり。そのこゝろ既に幻なれば、その煩悩もまた幻なり。（中略）一大法界のそのうちに幻にあらざるものあることなし。（三五九頁）

〔現代語訳〕

自分の身体はもともと幻であるので、その心（妄心）もまた幻である。その心が既に幻であるので、その煩悩もまた幻である。（中略）一大法界（全宇宙）のなかに、幻でないものは何も存在しない。

**〈此の四大仮和合の身を、我身なりとおもひ、受想行識の四蘊を我が本心なりと思ひ、〉**

この言葉は、人々が、実体のない身心を「私」の身心と錯覚していることを表しています。

私たちは身心を「私」の身心と思い、それに執着します。しかし、「私」という主体（自我）は心の迷いにより生じたものですので、真実の世界には存在しません。

正眼国師は、自我が存在しないことを、『心経抄』（『校補点註　続禅門法語集』）のなかで次のように説いています。

◇我といふもの、当体只汝か思はくのみにして、何にもなけれとも、ある物のやうに思ふ故に、我に相応のことをは貪り、我に違ふ時には瞋り、色々の相か顕はる、（以下略）（一四頁）

〔現代語訳〕

我（「私」）というものは、ただあなたの思考にあるだけで、何も存在しない。しかし、あなたは存在すると思っているので、自分に相応しいことは貪り、自分の考えと違うときは瞋り、色々な相が顕れる。

妄心は妄想分別する迷いの心であり、自我はその妄想分別をする「私」という主体です。妄心と自我は不二一体ですので、私たちが悟りを開くと、どちらも消滅します。

**〈五蘊本来空にして、四大無我なる事を観念して、もろ〳〵の苦をまぬかれ給ふなり。〉**

第一節（三―二）のテキストに、「般若の智慧をもつて、自心は、もとより空にして生ぜず滅せず、いゝ、ひつきやう空なりと悟れば、生死のいとふべきこともなく、楽もなく、之を真の極楽といふなり」という言葉がありました。私たちが悟りを開くと、①自分の本性が不生不滅・不変・宇宙遍在・平等一体の虚空のような心（仏性）であること、②身心や一切の事物が空（実体がないこと）であること、③自我は存在しないことが明らかになりますので、苦から解放されます。

月庵禅師は、悟りを開くと、苦から解放されることを、『月庵仮名法語』（『校補点註　禅門法語集』）のなかで次のように説いています。

◇心の源を覚れは、本より仏もなく衆生もなく我もなく人もなし、善悪是非、一切の煩はしき思、夢の覚むるかことく、何事も打ち破れて只た我もなし、前きの天然の私なき心ばかり顕はれて了々分明なり。（二三七―二三八頁）

〔現代語訳〕

心の源（仏性）を覚れば（明らかに知れば）、もともと仏もなく、衆生もなく、我（「私」）もなく、他者もない。善悪・是非や一切の煩悩が、夢から覚めたように、すべて打ち破れて、ただ我もない。前記の天然の無我の心（仏性）だけが顕れて、すべてが明らかである。

**〈般若の御法をときて、〉**

「御法」は仏法の尊敬語です。この場合は、真理を意味すると考えられます。

**〈度一切苦厄〉**

「度」には、渡る、越える、渡す、済度する（衆生を救い助けて、涅槃に渡らせる）などの意味があります。

悟りを開いた人（仏）は、すべての苦難や災厄を超越して、常に絶対的な安楽と自由自在の境地に在ります。そして大慈大悲の心で、現象世界で苦しんでいる人々を救い助けて、悟りの道に導きます。

## 第五節　舎利子

**舎利子。**
是は仏の八万人の大衆の中にて、智慧第一の弟子なり。さるによつて、大衆たちの為めに総の名代に、仏にむかひ、舎利子、法をとひたてまつれり、答をせらるゝなり。依つて色心不二の御法をときたまはんとて、其の名をよび出してつげ給ふなり。

〔現代語訳〕

舎利子。（舎利子よ、）

この人は、仏（釈尊）を師と仰ぐ多数の修行僧のなかで、智慧第一の弟子である。そこで、舎利子は多数の修行僧のために、彼らの代表として、仏に向かって法（仏の教え）を問い、仏が答えられる。仏は色心不二の御法（真理）を説くために、舎利子を呼び出して、告げられる。

〔解説〕

〈**舎利子。**〉

「舎利子」は、舎利弗あるいはシャーリプトラとも言います。釈尊の十大弟子のなかで智慧第一の弟子です。

**〈色心不二の御法をときたまはんとて、〉**

「舎利子」の後に「色不異空。空不異色。色即是空。空即是色」が続きますので、「色心不二」は、色（色蘊＝身体）と心（仏性＝空）が不二一体であることを意味します。

## 第六節　色不異空　空不異色　色即是空　空即是色　受想行識　亦復如是

**色不異空。空不異色。色即是空。空即是色。受想行識。亦復如是。**

（一）色とは、地水火風のかりに和合せる四大色身なり。おほよそかたちの有るものを色といふなり。容あれば、目にそのいろ〳〵見ゆるものゆえに、色といふなり。今この四大色身のかたちあるは、元来空のかたちなき所より生ずる程に、色身は空にことならずといふ義なり。さるほどに、此の色身主まことに有る物に似たりといへども、夢のごとくにて、畢竟空也。然るに、凡夫は迷ひて、この真空の実相にそむきて、空妄の色身を誠に有るものなりと思ふによりて、生を好み死をおそれて、いろ〳〵の苦を受て、生死の輪廻をまぬかれず。

〔現代語訳〕

色不異空。空不異色。色即是空。空即是色。受想行識。亦復如是。（色は空に異ならず、空は色に異ならず、色は即ち是れ空、空は即ち是れ色なり。受想行識も亦復是の如し。）

「色」とは、地・水・火・風の四大が一時的に集合して形成された色身（身体）のことである。およそ形のあるものを色と言う。形があれば、目に様々な色が見えるので、色と言う。今、この四大からなる色身は形があるが、それはもともと空の形がない所（仏性）から生じるので、色身は空に異ならないというわけである。ところで、この色身は本当に存在する物のように思われるが、それは夢のようであり、つまるところ空（実体がないこと）である。しかし、凡夫（世間一般の人）は心が迷っている（妄心が働いている）ので、この空の実相（真実の相）に背を向けて、実体のない色身を本当に存在するものと思うために、生を好み、死を恐れ、色々な苦を受けて、生死の輪廻をまぬがれない。

〔解説〕

**〈色とは、地水火風のかりに和合せる四大色身なり。おほよそかたちの有るものを色といふなり。〉**

「色」とは、五蘊のなかの色蘊のことです。この言葉は、「色不異空。空不異色。色即是空。空即是色」の色が身体を意味すること、そして一般に、色は物質的存在を意味することを表しています。

**〈今この四大色身のかたちあるは、元来空のかたちなき所より生ずる程に、〉**

この言葉は、真実の世界では、身体が仏性から生じることを表しています。

月庵禅師は、身心やすべての事物が仏性から現れることを、『月庵仮名法語』（『校補点註禅門法語集』）のなかで次のように説いています。

◇虚空蔵といふは、我か心も身も外の境界も皆実の体なし、猶ほ虚空の如し。虚空の如くなる処より一切の諸法化現す。この故に虚空蔵と云へり。（二六一頁）

〔現代語訳〕

虚空蔵について説明すると、自分の身心にも外界にも実体がなく、あたかも虚空（何もない空間）のようである。虚空（大空）のような所（仏性）から一切の諸法（すべての事物）が様子を変えて現れるので、虚空蔵と言っている。

大応国師は、仏性が身体やすべての事物に相を変えることを、『大応仮名法語』（『校補点

註　続禅門法語集』）のなかで次のように説いています。

◇此の如く一心こそ、諸事に変す、仏法は更に外には無き者なり。（中略）又云、心は巧なる絵師の如し、種々の五陰を作る、一切世間の中に心より生せざるは無しと。（八頁）

〔現代語訳〕

このように一心（仏性）こそ、諸の事物に相を変える。仏法は、それ以外にはない。（中略）また、次のように言う、心（仏性）は巧みな絵師のようである。種々の五陰（五蘊＝身心・物質的存在）をつくる。全世界のなかに、心より生じていないものはない。

〈**色身は空にことならずといふ義なり。**〉

「空」は、仏性を意味します。空が仏性を意味することについては、第一節（二）で、正眼国師の「若し昔より心と云ふ字なくんは、何とも云ふべきやうはあるまじきなり。（中略）心と云ひ、道と云ひ、空の、菩提の、涅槃の、般若の、智恵のと云ふは、みなよき名字を付け、ほめて云ひたるものぞとしりたらば、手が離るべきなり」という言葉を紹介しました。また、本節（二）で、鉄眼禅師の「空といふは真空、真空は法身、法身は如来の事なり」という言葉を紹介します。

（二）故に仏これをあはれみたまひて、此の色身も元来不生不滅の真空があらはれたる物なれば、色も空にことならずと説きたまふなり。さて、此の空といふものも、色がめつして空となりたる程に、空も色に異ぬぞ。かくの如くいふも、又色と格別なる物を、一つになしたるやうにして、へだてがあるに似るあひだ、その色空の二見をはなれしめんがために色即是空、空即是色なりと説き給ふなり。即といふは、やがてといふ心なり。色の当体が、其のまゝやがて空なり。空の当体が、そのまゝ色なり。空をはなれていろなし、色をはなれて空なし、水と波との如し、波すなはち水なり、水すなはち波なり、さらに二つあることなし。たゞ一心実ばかり、これは先の五蘊のうちの色蘊の一つをあげて、空にことならずときゝたまふなり。されば、のこりの受想行識の四蘊も、色蘊のごとく、皆空と異らぬといふ義なり。色蘊の一つをもつて、残りの四蘊もしるべし。畢竟皆空なり。

〔現代語訳〕

そこで、仏はこれを憐れんで、この色身（身体）はもともと不生不滅の真空（仏性）が色・

形をとって現れたものであるので、色は空に異ならないと説かれた。また、空は、色が滅して空となったものであるので、空も色に異ならない。このように言っても、色と空は格別なもの（仏性）を合わせて一つにしたようになり、色と空に隔てがあるようになってしまう。そこで、色・空の二元的な見解を離れさせるために、「色即是空。空即是色」と説かれた。即は、「やがて」（そのまま）を意味する。色の当体（身体）がそのまま空（仏性）であり、空の当体がそのまま色である。空を離れて色はなく、色を離れて空はない。それは、水と波の関係のようなものである。波はすなわち水であり、水はすなわち波である。水と波の二つのものがあるのではない。ただ一心（仏性）が実在するだけである。ここまでは、五蘊のなかの色蘊を取り上げて、空に異ならないと説かれたものである。したがって、残りの受・想・行・識の四蘊（精神活動）も、色蘊と同様に、すべて空と異ならないというわけである。色蘊の説明から、残りの四蘊についても知ることができる。結局、五蘊のすべてが空（仏性）である。

〔解説〕

**〈色の当体が、其のまゝやがて空なり。空の当体が、そのまゝ色なり。〉**

この言葉は、色（身体）がそのまま空（仏性）であり、空がそのまま色であることを表しています。

鉄眼禅師は、「色即是空。空即是色」は、身体がすなわち仏性であり、仏性がすなわち身体であることを意味することを、『鉄眼仮名法語』（『校補点註　禅門法語集』）のなかで次のように説いています。

◇菩薩は（中略）此の身をすなはち法身如来と見たまふ。これを心経には色即是空、空即是色と説きたまへり。色といふは此の身なり、空といふは真空、真空は法身、法身は如来の事なり。さては此の身すなはち法身、法身すなはち此の身といふ意なり。（三四一頁）

〔現代語訳〕

菩薩（ぼさつ）は、（中略）この身体を法身（ほっしん）（仏性）・如来（にょらい）と見て、これを『般若心経』のなかで、「色即是空。空即是色」と説かれている。色とはこの身体である。空とは真空であり、真空は法身であり、法身は如来のことである。つまり、「色即是空。空即是色」は、この身体がすなわち法身であり、法身がすなわちこの身体であることを意味する。

一休禅師と鉄眼禅師は、「色即是空。空即是色」の色を身体と解釈していますが、色を物質的存在と解釈することもできます。そうすると、身体だけでなく、すべてのものが仏性であり、仏性がすべてのものであることになります。

夢窓国師は、すべての事物が仏性であり、仏性がすべての事物であることを、『二十三問答』（『校補点註　禅門法語集』）のなかで次のように説いています。

◇たゝ万法一心にて候、一心即ち万法にて候、（以下略）（八二頁）

〔現代語訳〕

ただ万法（すべての事物）は一心（仏性）であり、一心はすなわち万法である。

第一節（二）で、「一切衆生悉有仏性」（すべての生物に悉く仏性がそなわっている）という言葉を紹介しましたが、仏教には、「草木国土悉皆成仏」という言葉もあります。この言葉は、生物だけでなく、すべての事物が悉く仏（仏性）であることを表しています。

**〈たゞ一心実ばかり、〉**

この言葉は、ただ一心（仏性）が実在するだけであることを表しています。

私たちの本性（本来の心）は、不生不滅・不変・宇宙遍在・平等一体の虚空のような心（仏性）です。そして、そこから実体のない身心やすべての事物が現れます。したがって、すべては仏性であり、すべては一体です。多様性はありますが、分離していません。悟りを開いた人（仏）は、この真実を明らかに知っていますので、心は常に静かで平和です。一方、私たちは、心が迷っている（妄心が働いている）ために、自分は身心を有する個人であり、外界のすべての事物は自分から分離して存在していると思っています。この誤った認識が、欲望、執着、恐れ、好き嫌いなどの煩悩を生じさせます。

大応国師は、衆生（人々）と如来（仏）の違いについて、『大応仮名法語』（『校補点註続禅門法語集』）のなかで次のように説いています。

◇衆生の我と思へる物は、貪瞋痴なり、此を以て我とせり。如来の我と云ふは、常楽我浄の当体、草木国土、有りとあらゆる処の物を我と云ふ。（三頁）

〔現代語訳〕

衆生が我（「私」）と思っているものは、貪瞋痴（貪欲〔欲深いこと〕・瞋恚〔瞋り〕・愚痴〔愚かさ〕＝三毒）の当体（身心）である。これを自分だと思っている。如来の我は、常楽我浄（永遠・安楽・絶対・清浄＝涅槃の四徳）の当体（仏性）、そして草木国土・すべての事物である。

**〈のこりの受想行識の四蘊も、色蘊のごとく、皆空と異らぬといふ義なり。〉**

身体と同様に心（妄心）も仏性から生じますので、色蘊（身体）だけでなく、受・想・行・識の四蘊（精神活動）も空（仏性）と異なりません。

夢窓国師は、妄心が仏性から生じることを、『二十三問答』（『校補点註　禅門法語集』）のなかで次のように説いています。

◇虚空なる心よりにくみいとしみ、しろしくろしとわきまへ候心もおこり候。そのまよひの念は氷の如く、念もなき根本の心は水の如く、迷の氷とけ候へば、もとの水にて候。かへす〳〵、一心の外に別の法なく候。（九一―九二頁）

〔現代語訳〕

虚空のような心（仏性）から、憎い・いとしい、白い・黒いとわきまえる心（妄心）が起こる。その迷いの念は氷のようであり、迷いの念がない根本の心（仏性）は水のようである。迷いの氷がとければ、元の水である。本当に一心（仏性）のほかには何も存在しない。

## 第七節　舎利子　是諸法空相　不生不滅　不垢不浄　不増不減

**舎利子。是諸法空相。不生不滅。不垢不浄。不増不減。**

舎利子とは、又聞く人の名をよび出すなり。是れ諸法とは、前の色受相行識の五蘊をさしていふなり。前にとく如く、四大色身五蘊の諸法、みな元来空なるほどに、初めより生じもせず死にもせず、穢れもせず清まりもせず、増しもせず、減りもせぬぞ。虚空のかたちなきが如しとねもごろに空なることを示したまふなり。

〔現代語訳〕

舎利子。是諸法空相。不生不滅。不垢不浄。不増不減。（舎利子よ、是の諸法は空相にして、不生不滅、不垢不浄、不増不減なり。）

「舎利子」とは、また質問者の名前を言って、呼び出したものである。「是諸法」とは、前述の色・受・想・行・識の五蘊（身心・物質的存在）を指している。前に述べたように、四大（地・水・火・風）からなる身体や五蘊の諸法（すべての事物）は、もともと空（実体がないこと）であるので、初めから生じることもなく、死ぬこともなく、けがれることもなく、清らかになることもなく、増すこともなく、減ることもない。それは虚空（何もない空間）に状態（たとえば、生の状態・死の状態など）がないようなものであると、仏はすべてが空であることを懇ろに示された。

〔解説〕

**〈四大色身五蘊の諸法、みな元来空なるほどに、初めより生じもせず死にもせず、穢れもせず清まりもせず、増しもせず、減りもせぬぞ。〉**

一切皆空の真実の世界には、実体がありません。実体のないものは、もともと存在しませんので、生滅、浄穢、増減などの二元性もありません。

## 第八節　是故　空中無色　無受想行識

**是故。空中無色。無受想行識。**

このこゝろは、右の如く、真空想なしのうへには、生滅の道理もなく、けがれもせず、きよまりもせず、増すといふこともなし、又減るといふこともなきものなれば、此の故に受想行識の五蘊もみな無ぞ。無といふは、空といふこゝろなり。空とは、有無をはなれたるを云ふなり。

〔現代語訳〕

是故。空中無色。無受想行識。（是の故に、空の中には色も無く、受想行識も無く、）

これは、前述のように、真空・無妄想の世界（真実の世界）には、生滅の道理がなく、けがれることもなく、清らかになることもなく、増すこともなく、減ることもないので、色・受・想・行・識*の五蘊も無である、という意味である。無は空（実体がないこと）を意味する。空とは、有・無を離れていることを言う。

＊修正前　受想行識、修正後　色受想行識

〔解説〕

〈**是故。空中無色。無受想行識。**〉

「空中」は、「真実の世界には」を意味します。そして、この「空中」は、「無色。無受想行識」だけでなく、その後に続く「無眼耳鼻舌身意。無色声香味触法。無眼界乃至無意識界。無無明。亦無無明尽。乃至無老死。亦無老死尽。無苦集滅道。無智亦無得」の全部にかかります。これらの漢文は、真実の世界では、すべてが空であることを、一つひとつ具体的に示したものです。

〈**五蘊もみな無ぞ。無といふは、空といふこゝろなり。**〉

第四節（一）で述べましたように、「五蘊」は、色蘊・受蘊・想蘊・行蘊・識蘊（色・受・想・行・識）の総称です。色蘊は身体を意味しますが、物質的存在を意味することもあります。受蘊・想蘊・行蘊・識蘊の四つは心の働き（精神活動）です。標記の言葉は、「無色。無受想行識」の「無」が空（実体がないこと）を意味することを表しています。次の「無眼耳鼻舌身意」から「無智亦無得」までの「無」も、すべて空を意味します。

## 第九節　無眼耳鼻舌身意

**無眼耳鼻舌身意。**

是は六根をあげてみな空なりと説き給ふなり。六根といふは、眼根。耳根。鼻根。舌根。身根。意根これなり。みな根の字をつけていふことは、草木の根あるが如し。根あれば、よく生ずるなり。其のごとく、眼根は、よく識を生ずるものなり。識とは、眼にみる時に、青黄赤白黒をよく分るものをいふなり。此の識といふものがなければ、見わくることはならぬぞ。さて、また識といふものが有りても、眼根といふものがなければ、此の識を生ずることがならぬぞ。たとへば、目をふさぎ、耳をふさげば、色ありといへども見えず、声ありといえども聞えず。さるほどに、色をみるときは、識が眼根によつて生ずるなり。これを聞く時は、識が耳根によつて生ずるなり。のこりの鼻根、舌根、身根、意根もかくの如し。

〔現代語訳〕

無眼耳鼻舌身意。（眼耳鼻舌身意も無く、）

これは、六根を示して、それらのすべてが空（実体がないこと）であると説かれたものである。六根とは、眼根・耳根・鼻根・舌根・身根・意根である。すべてに根の字が付いているのは、草木に根があるようなものである。根があれば、よく生じる。それと同様に、眼根は、よく識を生じる。識とは、眼で物を見るときに、青・黄・赤・白・黒をよく判別するものである。この識がなければ、物を見分けることができない。また、識があっても、眼根がなければ、この識を生じることができない。たとえば、目を閉じ、耳をふさげば、色があっても見えないし、声があっても聞こえない。したがって、色を見るときは、識が眼根によって生じ、声を聞くときは、識が耳根によって生じる。残りの鼻根・舌根・身根・意根についても同様である。

〔解説〕

**〈無眼耳鼻舌身意。〉**

仏教では、眼・耳・鼻・舌・身・意の六つの根（感官）を合わせて六根と言います。眼根・耳根・鼻根・舌根・身根は、それぞれ視覚、聴覚、嗅覚、味覚、触覚についての感覚器官と感覚機能を意味し、意根は知覚器官と知覚機能を意味します。眼根・耳根・鼻根・舌根・身根が感じたことを意根が知覚して、初めて感覚として知覚したことになります。意根の知覚対象としては、物質的なものだけでなく、概念などの精神的なものも含まれます。

**〈眼根は、よく識を生ずるものなり。識とは、眼にみる時に、青黄赤白黒をよく分るものをいふなり。〉**

識については、第十一節のテキストにも解説があります。

# 第十節　無色声香味触法

**無色声香味触法。**

是を六塵といふ義は、六塵も皆空なりと説き給ふなり。六塵といふ時は、みな塵の字をつけていふぞ。色塵、声塵、香塵、触塵、法塵これなり。塵は、ちりとよめるは、物をけがすものなり。眼も耳も、いまだ物の色をみず、声を聞かざる已前は、元来清浄にして、無念無想なるものなれども、色を見、声をきくによりて、うつくしきものを見ては、ほしく思ひ、おもしろき声をききては、心をとられ、見る事、聞くことに迷ひ、貪着の思をおこす故に、煩悩の穢に染むをもつて、塵といふなり。しかるに、般若の智をもつて、皆空なりと観ずるときは、六根六塵ともに無き物なり。なしといふとても、今まで有りつる物をはらひすてゝ、今より、はじめて無しといふにはあらず、この六塵の自体もとより空なるがゆえに、なしとはいふなり。

〔現代語訳〕

無色声香味触法。（色声香味触法も無く、）

これは、[*1]六塵のすべてが空（実体がないこと）であると説かれたものである。六塵を言い表すときは、すべてに「塵」の字を付ける。色塵・声塵・香塵・味塵・触塵・法塵である。[*2]塵は、訓読では「ちり」と読み、物をけがすものである。眼も耳も、物の色を見る前、声を聞く前は、もともと清浄であり、無念無想のものであった。しかし、色を見、声を聞くことによって、美しい物を見ては欲しくなり、すばらしい声を聞いては心をひかれ、見ること、聞くことに心が迷って、貪り執着する思いを起こす。その結果、煩悩のけがれに染まるので、塵と言う。しかし、般若の智慧により、すべては空であると観照するときは、六根・六塵ともにない。「ない」と言っても、今まであった物を払い捨てて、今から初めて「ない」と言うのではない。この六塵自体がもともと空であるので、「ない」と言うのである。

＊1　修正前　是を六塵といふ義は、　修正後　是は

＊2　修正前　色塵、声塵、香塵、触塵、法塵これなり、　修正後　色塵、声塵、香塵、味塵、触塵、法塵これなり

〔解説〕

〈**無色声香味触法。**〉

色・声・香・味・触・法の六つの境界（知覚の対象）を合わせて、六塵あるいは六境と言います。六塵（六境）は、六根が知覚する対象です。色塵（色境）は眼根によって見られる色・形を、声塵（声境）は耳根によって聞かれる音・声を、香塵（香境）は鼻根によって感じられる香を、味塵（味境）は舌根によって感じられる味を、触塵（触境）は身根（皮膚）によって感じられる圧・熱・痛などを、法塵（法境）は意根によって知覚される、概念を含むすべての対象を意味します。

〈**無色声香味触法。／是を六塵といふ義は、六塵も皆空なりと説き給ふなり。**〉

この言葉の前半を文字通りに解釈すると、「無色声香味触法」を六塵と言うことになってしまいます。第九節のテキストは、「無眼耳鼻舌身意。／是は六根をあげてみな空なりと説き給ふなり」で始まっていますので、それに合わせて、標記の言葉の「是を六塵といふ義は」を「是は」に修正して訳しました。

## 第十一節　無眼界乃至無意識界

**無眼界乃至無意識界。**

是は十八界を空ずるなり。まへの六根、六塵を合せて十二処に六識を加へて、十八界といふなり。六識とは、眼識、耳識、鼻識、舌識、身識、意識なり。眼に青黄赤白黒の色、大小長短のかたちを分別するを、眼識といふなり。耳にはいろ〳〵の音声を聞きわくるを、耳識といふなり。鼻によきにほひ、悪きにほひをかぎ分るを、鼻識といふ。舌に五味を嘗め知るを、舌識といふなり。身に暑さ寒さを触れて覚え、痛さかゆさを分ちしるを、身識といふ。意に一切の是非善悪を種々に分別するを、意識といふなり。十八界といふこゝろは、物の境かぎりあるを、界といふなり。眼は声をきかず、耳は色を見ず、其の司る所のかくべつなる故に、眼界耳界といふなり。

〔現代語訳〕

無眼界乃至無意識界。（眼界も無く、乃至、意識界も無し。）

これは十八界を空（実体がないこと）と観照するものである。前述の六根と六塵を合わせた十二処に、六識を加えて十八界と言う。六識とは、眼識・耳識・鼻識・舌識・身識・意識である。眼で青・黄・赤・白・黒の色や大小・長短の形を見分けるものを眼識と言う。耳で色々な音声を聞き分けるものを耳識と言う。鼻で芳香・悪臭をかぎ分けるものを鼻識と言う。舌でなめて、五味（甘味・酸味・鹹味・苦味・辛味）を知るものを舌識と言う。身（皮膚）で暑さ・寒さを触れて感じ、痛さ・痒さを区別して知るものを身識と言う。意で一切の是非・善悪を種々に分別するものを意識と言う。十八界の「界」は、それぞれのものに境界が存在することを意味する。眼は声を聞かず、耳は色を見ない。その担当するところが、それぞれ別なので、眼界・耳界と言う。

〔解説〕

**〈無眼界乃至無意識界。〉**

「乃至」は、最初と最後を示して、それらの間の記述を省略するときに用いる言葉です。したがって、標記の漢文は、認識を成り立たせている十八界の最初（六根の眼界）から最後（六識の意識界）まで、すべてが空であることを表しています。十八界を表にまとめると、次のようになります。

| 六根 | 感覚知覚器官・機能 | 眼界 | 耳界 | 鼻界 | 舌界 | 身界 | 意界 |
|---|---|---|---|---|---|---|---|
| 六塵 | 六根が知覚する対象 | 色界 | 声界 | 香界 | 味界 | 触界 | 法界 |
| 六識 | 六塵を認識する機能 | 眼識界 | 耳識界 | 鼻識界 | 舌識界 | 身識界 | 意識界 |

**〈是は十八界を空ずるなり。〉**

この言葉は、真実の世界では、十八界が空であることを表しています。

正眼国師は、十八界が空であることを、『心経抄』（『校補点註　続禅門法語集』）のなかで次のように説いています。

◇五蘊、六根、六塵、六識の十八界と、一々皆あるに似たる物て、只電のやうなることなり。（中略）ありくとひかれとも、なんにもなく、なんにもなけれとも、ありくとある所の譬へに云ふなり。（二五―二六頁）

〔現代語訳〕

五蘊や六根・六塵・六識の十八界は、どれも皆あるように思われるが、ただ電のようなものである。（中略）ありありと光るけれども、何もなく、何もないけれども、ありありとあることの譬えに言うのである。

**〈六識とは、眼識、耳識、鼻識、舌識、身識、意識なり。〉**

六識は、六根が知覚した対象（六塵）を識別し、認識する機能です。最後の「意識」は、法塵（意根によって知覚される、概念を含むすべての対象）を認識して、分別・判断などを行います。

## 第十二節　無無明　亦無無明尽　乃至無老死　亦無老死尽

**無無明。亦無無明尽。乃至無老死。亦無老死尽。**

（一）是は十二因縁を空ずるなり。十二因縁といふは、一つには無明なり、これは本心本性をあきらめずして、道理にくらきをもつて、迷をおこすをいふなり。一切の煩悩の根元は、無明よりはじまるなり。二つには行なり、是は無明の心おこりてより、一切善悪の業をつくるをいふなり。三つには識なり。これは妄想妄念をもつて、父母に愛着の念をおこさして、はじめて母の胎内にやどるをいふなり。四つには名色なり、胎内にやどりて、目口鼻手足などのかたちが出来て、受想行識の四蘊のそなはるをいふなり。名色の名とは、四蘊のこゝろのわざなれば、目に見えぬものなるあひだ、名をつけてよばざれば、あらはれがたし、かるがゆえに名といふなり。色は目に見るところの眼耳鼻舌身などをいふなり。心法と識法とのふたつをかねて、名識といふなり。五つには六入なり。是は心識が眼耳鼻舌身意の六根に行き入つて六根となるなり。六つには触なり、是は六根と六塵と相対するをいふなり。まなこは色に対し、耳は声に対し、鼻は香に対し、舌は味に対して相触るゝゆえに、触といふなり。七つには受なり、是は善悪の事を心にうけ入るるをいふなり。楽を楽とうけ、苦を苦と心にうけ入るるをいふなり。八つには愛なり。是は五蘊などの楽を心に受け入れて、さて、それに愛著の心を起すをいふなり。九つには執なり。是は愛著の心によつて、深く執着するをいふなり。十には有なり。これは執着の因縁によりて、未来の身を受くることあるを、有といふなり。十一には生なり。是は前の有の因縁をもつて、終に又うまれ来るをいふなり。十二には老死なり、是は生れてより、又やがて年とつて死するをいふなり。是を十二因縁の流転といふなり。

〔現代語訳〕

無無明。亦無無明尽。乃至無老死。亦無老死尽。（無明も無く、亦無明の尽くることも無く、乃至、老死も無く、亦老死の尽くることも無し。）

これは十二因縁（人間の苦の因縁〔原因〕を十二段階に分けて説明したもの）を空（実体がないこと）と観照するものである。十二因縁の一番目は無明である。これは、自分の本心・本性を明らかにせず、道理に暗いために、迷いを起こすことを言う。すべての煩悩の根元は、無明から始まる。二番目は行である。これは、無明の心（妄心）が起こったことにより、すべての善悪の業（身口意の三業＝身体的行為・言語表現・精神活動の三つの行為）をつくることを言う。三番目は識である。これは、妄想・妄念により父母に愛著の念を起こさせて、初めて母の胎内に宿ることを言う。四番目は名色である。胎内に宿って、目・口・鼻・手・足などの形ができ、受・想・行・識の四蘊がそなわることを言う。名色の名は、四蘊の心の働き（精神活動）である。この働きは目に見えないので、名をつけて呼ばなければ、表現できない。そこで、名と言う。色は、目に見える眼・耳・鼻・舌・身などの身体を言う。心法と色法の二つを合わせて名色と言う。[*1]五番目は六入である。これは、心識（六識＝認識機能）

が眼・耳・鼻・舌・身・意の六根（感覚知覚器官）に入って、六根が完成することを言う。六番目は触（そく）である。これは、出生して、六根と六塵（ろくじん）（六根が知覚する対象）が相対（あい）することを言う。眼は色に対して、耳は声に対して、鼻は香に対して、舌は味に対して相触（あい）れるので、触と言う。七番目は受（じゅ）である。これは、善や悪のことを心に受け入れることを言う。また、楽を楽として、苦を苦として心に受け入れることを言う。八番目は愛（あい）である。これは、五蘊（身心）を通して心に受け入れた楽に、愛著の思いを起こすことを言う。九番目は取（しゅ）である。*2これは、愛著の思いにより、深く執着（しゅうじゃく）することを言う。十番目は有（う）である。これは、執着の因縁により、未来世の果（身体を受けること）が定まることを言う。十一番目は生（しょう）である。これは、有の因縁により、ついに再び出生することを言う。十二番目は老死である。これは、生まれた後、やがて年をとり、死ぬことを言う。以上のことを十二因縁の流転（るてん）と言う。

＊1　修正前　心法（しんぽう）と識法（しきほう）とのふたつをかねて、名識（みょうしき）といふなり、修正後　心法（しんぽう）と色法（しきほう）とのふたつをかねて、名色（みょうしき）といふなり

＊2　修正前　執（しゅう）なり、修正後　取（しゅ）なり

〔解説〕

〈**無無明。亦無無明尽。乃至無老死。亦無老死尽。**〉

「乃至」は、最初と最後を示して、それらの間の記述を省略するときに用いる言葉です。したがって、標記の漢文は、十二因縁の最初（無明）から最後（老死）まで、すべてが空であることを表しています。

十二因縁は、苦が生じる過程（順観）と苦が消滅する過程（逆観）を、無明から老死までの十二段階に分けて観察したものです。順観では、無明によって行が生じ、行によって識が生じ、識によって名色が生じ、名色によって六入（六処）が生じ、六入（六処）によって触が生じ、触によって受が生じ、受によって愛が生じ、愛によって取が生じ、取によって有が生じ、有によって生が生じ、生によって老死など、すべての苦が生じることが説かれています。また、逆観では、無明が消滅すれば行も消滅し、行が消滅すれば識も消滅し、というように順次観察し、最終的に生が消滅すれば老死など、すべての苦が消滅することが説かれています。このように十二因縁では、苦は無明によって生じるので、無明を消滅させることができれば、すべての苦が消滅することが示されています。

**〈二つには行なり、是は無明の心おこりてより、一切善悪の業をつくるをいふなり。三つには識なり。これは妄想妄念をもつて、父母に愛着の念をおこさして、はじめて母の胎内にやどるをいふなり。〉**

この言葉は、過去世でつくった善悪の業が因縁となって、現在世にその結果（母親の胎内に宿ること）が生じることを表しています。このように因縁によって結果が生じることを因果と言います。

十二因縁の解釈には、二世一重の因果説と三世両重の因果説があります。一休禅師は、三世両重の因果説（三世〔過去世・現在世・未来世〕に二重の因果がある説）に基づいて十二因縁を説いていますので、一休禅師の説明を、①過去世の二因、②現在世の五果、③現在世の三因、④未来世の二果に分けると、次のようになります。

①過去世の二因
・無明（迷いを起こすこと）
・行（善悪の業をつくること）

②現在世の五果
・識（母の胎内に宿ること）

・名色（胎児の五蘊が形成されること）
・六入（胎児の六根が完成すること）
・触（出生して、六根と六塵が相対すること）
・受（善悪・苦楽などを心に受け入れること）

③現在世の三因
・愛（心に受け入れた楽に愛著の心を起こすこと）
・取（深く執着すること）
・有（未来世の果〔身体を受けること〕が定まること）

④未来世の二果
・生（再び出生すること）
・老死（老いて死ぬこと）

（二）過去の無明の業縁によって、今現在に苦をうくる身とうまれ、又今この現在にて作る業縁によりて、未来世にて又生をうけ、死してはうまれ、生れては死し、三世の因果たえず、三界に流転して、無量の苦を受けて、終にやむことなし。是れ皆最初の無明の一念のまよひによつて、種々の苦をうくるをいふなり。さるほどに、般若の真空の智を以て、無明は、もとより空にして、実性あることなし。夢幻のごとくと観念をなせは、一切煩悩妄想、畢竟みな空にしていろ〱の夢さめたるが如くにして、過去のこゝろも不可得、現在の心も不可得、未来の心も不可得、三世の因果、一念に空じ、六道の輪廻一時にやむなり。

〔現代語訳〕

過去世でつくった無明の業（身口意の三業）が因縁（原因）となって、現在世に苦を受ける身として生まれ、また、現在世でつくる業が因縁となって未来世に再び生を受け、死んでは生まれ、生まれては死ぬ。三世（過去世・現在世・未来世）の因果（因縁によって結果が生じること）は絶えることがないので、三界（衆生が輪廻転生する三つの迷いの界〔欲界・色界・無色界〕）を流転し、非常に多くの苦を受けて、その苦は、いつまでも止むことがない。これは、すべて最初の無明の一念（一つの思い・考え）の迷いが原因であり、そのために種々の苦を受けるのである。そこで、般若の真空の智（般若の智慧）により、無明はもともと空（実体がないこと）であり、実在性がなく、夢・幻のようであると観照すれば、結局、すべての煩悩や妄想が空であることがわかり、色々な夢から覚めたようになる。過去の心（妄心）も存在せず、現在の心（妄心）も存在せず、未来の心（妄心）も存在しない。三世の因果を一念に空（実体がないこと）と観照すると、六道（天・人間・修羅・畜生・餓鬼・地獄）の輪廻は瞬時に止む。

〔解説〕

**〈過去の無明の業縁によつて、今現在に苦をうくる身とうまれ、又今この現在にて作る業縁によりて、未来世にて又生をうけ、死してはうまれ、生れては死し、三世の因果たえず、〉**

この言葉は、私たちがつくる業が因縁となって輪廻転生が続いていくことを表しています。私たちは、自分がつくった業の善悪に応じて、未来（現在世または未来世）にその報いを受けます。これを因果応報と言いますが、私たちは善因楽果・悪因苦果の因果の法則にしたがって輪廻転生します。

夢窓国師は、因果応報について、『二十三問答』（『校補点註　禅門法語集』）のなかで次のように説いています。

◇心に思ふ一たびその報なしといふことあるべからす、この世のうちに報ふ事もあり、後の世にて報ふことも、よきことをなしたるも、あしきことをなしたるも、因果のかるべからず。（八一頁）

〔現代語訳〕

心（妄心）に思う一念に対して、報いがないことは、あり得ない。現在世で報いを受けることもあり、未来世で報いを受けることもある。善いことをしたときも、悪いことをしたときも、因果を逃れることはできない。

**〈過去のこゝろも不可得、現在の心も不可得、未来の心も不可得、〉**

「こゝろ」と「心」は、妄心を意味します。「不可得」には、とらえることができないこと、あり得ないこと、存在しないことなどの意味がありますが、真実の世界（現象世界の実相）には妄心が存在しませんので、この場合は、存在しないことを意味すると考えられます。

# 第十三節　無苦集滅道

**無苦集滅道。**

　是は四諦を空ずるなり。四諦とは、則ち苦諦、集諦、滅諦、道諦なり。先づ苦諦とは、過去の業成によつて、今この身をうけて、種々の苦あるを、苦諦といふなり。集諦とは、集はあつむるとよめり、是は過去にもろ〳〵の悪業の因をあつめもちたるをいふなり。滅とは、一切の煩悩妄想を滅しつくすをいふなり。道とは、煩悩を滅して、不生不滅の涅槃の楽界に到る修行の所を、道といふなり。これを取あはせていふときは、先づ今この界へ生れ、色々の苦をうくるは、いかなる因縁ぞといふに、過去にて悪業煩悩をあつめてもちたるゆえに、その因をもつて、今この苦をうくる身をまねき得たるなり。さるほどに此の苦をいとひ出離を求むるには、先づ悪業煩悩を滅する道を修行して、さて、不生不滅の、寂滅為楽の所に到る。苦集の体、元来自空なる間、滅すべき苦集もなく、修行すべき道もなきがゆえなり。

〔現代語訳〕

無苦集滅道。（苦集滅道も無し。）

これは四諦（四つの真理）を空（実体がないこと）と観照するものである。四諦とは、すなわち苦諦・集諦・滅諦・道諦である。まず苦諦とは、過去の業（身口意の三業＝身体的行為・言語表現・精神活動の三つの行為）の結果として、今この身体を受けて、種々の苦があることを言う。集諦とは、集は訓読では「あつめる」と読み、過去に諸の悪業（悪い行為）を苦の原因として集め持ったことを言う。滅諦とは、すべての煩悩・妄想を滅し尽くすことを言う。道諦とは、煩悩を滅して、不生不滅の涅槃（すべての煩悩が消滅した悟りの境地）の楽界に到る修行を言う。これらをまとめると、今この世界に生まれて、色々な苦を受けるのは、どのような因縁（原因）によるのかと言うと、過去世で悪業・煩悩を集め持ったために、それが因縁となって、現在世でこの苦を受ける身を招いたのである。したがって、苦を厭い、この世界を超越するためには、まず悪業・煩悩を滅する道を修行し、それから不生不滅・寂滅為楽（寂滅〔涅槃〕が絶対的な安楽であること）の境地に到ることになる。「無苦集滅道」となっているのは、苦集の当体（身心）がもともと空（実体がないこと）であるので、滅すべき苦集もなく、修行すべき道もないからである。

〔解説〕

**〈四諦とは、則ち苦諦、集諦、滅諦、道諦なり。〉**

四諦とは、苦諦（人生は苦であるという真理）、集諦（苦の生起する原因に関する真理）、滅諦（苦の消滅に関する真理）、道諦（苦の消滅に至る修行法に関する真理）の四つの真理のことです。

**〈苦諦とは、過去の業成によつて、今この身をうけて、種々の苦あるを、苦諦といふなり。〉**

仏教では、苦には生・老・病・死の四苦に、愛別離苦（愛する者と別れる苦しみ）、怨憎会苦（嫌いな人と会わなければならない苦しみ）、求不得苦（欲しい物が得られない苦しみ）、五陰盛苦（五陰〔五蘊＝身心〕が盛んであることにより生じる苦しみ）を合わせた四苦八苦があると説いています。

私たちの人生には苦だけでなく、喜び・楽しみなどの楽もありますので、苦諦（人生は苦であるという真理）は偏った見方であると思われるかもしれません。しかし、私たちが知っている楽は一時的、相対的なものですので、真の楽ではありません。悟りを開いた人（仏）は、苦楽の二元性を超えた絶対的な安楽の境地に常に在りますので、凡夫（世間一般の人）の人生は苦しみに満ちていると観ています。

**〈先づ悪業煩悩を滅する道を修行して、〉**

悪業・煩悩を滅する道（悟りを開く修行法）として、八正道があります。八正道は、道諦を構成する八種の実践徳目であり、正見（正しい見解）・正思（正しい思惟）・正語（正しい言葉）・正業（正しい行為）・正命（正しい生活）・正精進（正しい努力）・正念（正しい思念）・正定（正しい精神統一）からなります。四諦八正道は、原始仏教の根本的な教説です。

第二章第一節で述べましたように、大乗仏教では、悟りを開くために、顕教の修行者は一般に六波羅蜜（布施・持戒・忍辱・精進・禅定・智慧）を実践し、密教の修行者は三密の瑜伽行（手に印契を結び、口に真言〔真理を表す秘密の言葉〕を唱え、心に仏〔本尊〕を観想することにより、仏と一体になる行法）を実践します。

**〈苦集の体、元来自空なる間、滅すべき苦集もなく、修行すべき道もなきがゆえなり。〉**

本節のテキストの大部分は四諦についての解説ですが、この言葉は、「無苦集滅道」についての説明です。最後の「ゆえなり」は、原因・理由を表す言葉ですので、現代語訳では、「『無苦集滅道』となっているのは」を補足して訳しました。

## 第十四節　無智亦無得　以無所得故

**無智亦無得。以無所得故。**
といふ意は、般若の智をもつて、五蘊、十二処、十八界、十二因縁、四諦等を観ずるに、畢竟みな空なり。その智も空なれば、一法の得べきなし。これを人空法空といふなり。

〔現代語訳〕
無智亦無得。以無所得故。（智も無く、亦得も無し。得る所無きを以ての故に。）
これは、般若の智慧（真理を明らかにする根源的な働き）により五蘊、十二処（六根・六塵）、十八界（六根・六塵・六識）、十二因縁、四諦などを観照すると、結局、すべてが空（実体がないこと）であり、また、その般若の智慧も空であるので、何一つ得るべきものがない、という意味である。このことを人空・法空と言う。

〔解説〕

**〈その智も空なれば、一法の得べきなし。〉**

真実の世界には、実体がありませんので、生滅・苦楽・自他・迷悟などの二元性もありません。迷悟の差別がありませんので、悟りを開くために必要な般若の智慧も空です。私たちはもともと仏性ですので、悟りを開くために、新たに得なければならないものは何もありません。ただ妄想分別を離れて、妄心を消滅させればよいだけです。

**〈これを人空法空といふなり。〉**

「人空」は、自我（「私」という主体）が存在しないことを意味し、「法空」は、すべての事物に実体がないことを意味します。

人空については、第四節(二)で、正眼国師の「我といふもの、当体只汝か思はくのみにして、何にもなけれとも、ある物のやうに思ふ故に、我に相応のことをは貪り、我に違ふ時には瞋り、色々の相か顕はる」という言葉、そして月庵禅師の「心の源を覚れは、本より仏もなく衆生もなく我もなく人もなし、善悪是非、一切の煩はしき思、夢の覚むるかことく、何事も打ち破れて只た我もなし、前きの天然の私なき心ばかり顕はれて了々分明なり」という言葉を紹介しました。

法空については、第一節（三―一）で、大応国師の「仏の諸法は夢に似たり又幻の如しと説き玉ふ」という言葉、そして第四節（二）で、鉄眼禅師の「一大法界のそのうちに幻にあらざるものあることなし」という言葉を紹介しました。

## 第十五節　菩提薩埵

**菩提薩埵。**

これは天竺の詞なり。覚れる有情といふ義なり。則ち観自在菩薩なり。

〔現代語訳〕

菩提薩埵。（菩提薩埵は、）

これはインドの言葉であり、覚り（悟り）を開いた有情（衆生）という意味である。すなわち、観自在菩薩のことである。

〔解説〕

**〈菩提薩埵。〉**

「菩提薩埵」は梵語（古代インドのサンスクリット語）bodhisattva の音写語です。菩薩は菩提薩埵の短縮形に相当します。

## 第十六節　依般若波羅蜜多故　心無罣碍

**依般若波羅蜜多故。心無罣碍。**

といふ心は、菩薩般若の空智によつて修行す。ゆえに心虚空界の如くなる事をさとりて、一切の業障にさえられず。

〔現代語訳〕

依般若波羅蜜多故。心無罣碍。（般若波羅蜜多に依るが故に、心に罣碍無し。）

これは、菩薩が般若の空智（般若の智慧）によって彼岸に到る修行をした結果、心が虚空界（すべての事物を包括する虚空のような界＝仏性）のようであることを明らかに知り、どのような業障（悪業〔悪い行為〕によってもたらされる障害）にも妨げられなくなったことを意味する。

〔解説〕

〈**依般若波羅蜜多故。心無罣碍。**〉

「般若波羅蜜多」は、般若の智慧によって彼岸に到る修行を意味します。「心無罣碍」は心に罣碍（こだわり・妨げ）がないこと、すなわち心が自由自在であることを意味します。「碍」は礙の異体字です。「心無罣礙。無罣礙故」と書かれているものもあります。

## 第十七節　無罣碍故　無有恐怖　遠離一切顚倒夢想　究竟涅槃

**無罣碍故。無有恐怖。遠離一切顚倒夢想。究竟涅槃。**

といふは、真実相の上には、元来生滅なきゆえに、生死の恐ある事なし。顚倒夢想とは、一切の有為の法は、夢の如くまぼろしの如くにして、実にあることなし。しかるを、凡夫は迷ひて実に有りとおもへるは、あだなる夢をまことゝおもへるが如し。是顛倒夢想なり。若し一念空ずる時、一法も得べきなし、是則ち遠離なり。究竟とは、きはまりつきたる義なり。万法皆涅槃を至極とするなり。涅槃は、不生不滅のところなり。円満清浄の義なり。清浄とは、空の異名なり。

〔現代語訳〕

無罣碍故。無有恐怖。遠離一切顛倒夢想。究竟涅槃。（罣碍無きが故に、恐怖有ること無く、一切の顛倒夢想を遠離して、涅槃を究竟す。）

これについて説明すると、真実の世界には、もともと生滅がないので、生死の恐れもない。「顛倒夢想」とは、一切の有為の法（様々な因縁〔原因〕によって生滅・変化する一切の事物）は、夢・幻のように本当は存在しないが、凡夫（世間一般の人）は心が迷っている（妄心が働いている）ために、実在すると思っている。これは、はかない夢を真実と思うようなものである。これが顛倒夢想である。心（妄心）に浮かぶ一念を空（実体がないこと）と観照するとき、何一つ得るべきものがない。これが遠離（超越）である。「究竟」とは、究まり尽きたという意味である。万法（すべての事物）は涅槃（すべての煩悩が消滅した悟りの境地）を究極の所とする。涅槃は不生不滅の所であり、円満・清浄を意味する。清浄とは、空（仏性）の別名である。

〔解説〕

〈**無罣碍故。無有恐怖。遠離一切顛倒夢想。究竟涅槃。**〉

「顛倒夢想」は、誤った見方・在り方やとりとめのない考えを意味します。「究竟涅槃」とは、涅槃を究め尽くす、すなわち悟りを開くという意味です。

## 第十八節　三世諸仏

**三世諸仏。**

三世とは、過去、現在、未来をいふなり。仏とは、覚者なり。一切有情みな覚性をそなへたり。迷ふが故に衆生といひ、さとるを仏といふなり。自心の外にはほとけなし、人々自心即ち仏なれば、これを成仏といふなり。三世といふも、遠きことにあらず、前念すでに滅したれば、過去、後念未だ生ぜざるは、未来、その中間のすでにおこりたる当念は現在なり、過去仏、現在身、現在仏未来仏なり、過去心不可得、現在心不可得、未来心不可得なれば、たゞ一念一仏にして、二心二仏あることなし不去不来、三世常住なり。

〔現代語訳〕

三世諸仏。（三世の諸仏も、）

「三世」とは、過去・現在・未来のことである。「仏」とは、覚者（覚りを開いた人）のことである。すべての有情（衆生）は覚性（仏性）をそなえている。心が迷っている（妄心が働いている）ので衆生と言い、悟りを開いた人を仏と言う。自心（自分の本来の心）のほかに仏はない。人々の自心がすなわち仏であるので、これを成仏と言う。三世と言っても、遠いことではない。直前の一瞬は既に滅しているので過去、直後の一瞬はまだ生じていないので未来、その中間の既に起こっている今この瞬間は現在である。過去仏、現在身、現在仏、未来仏である。過去の心（妄心）も存在せず、現在の心（妄心）も存在せず、未来の心（妄心）も存在しないので、ただ一念一仏である。二心二仏（二念二仏）であることはない。仏

（仏性）は去ることもなく、来ることもなく、三世にわたって常に存在する。

〔解説〕

**〈自心の外にはほとけなし、〉**

この言葉は、自心が唯一の仏（仏性）であることを表しています。第一節（三―二）で紹介した大応国師の「祖師云、即心即仏と。又心の外に仏無し。心を離て仏を求むれば、地を掘て天を求むるが如しと云へり」という言葉も、標記の言葉とほぼ同じことを表しています。

**〈人々自心即ち仏なれば、これを成仏といふなり。〉**

この言葉は、人々の自心が仏（仏性）であるので、すべての人が既に仏になっていることを表しています。一般に、人が亡くなることを「成仏する」と言いますが、これは、人は死ぬと誰でも仏になるとの考えに基づいています。しかし、真実は、私たちは死んでから仏になるのではなく、誰もが今すでに仏（仏性）である、ということです。第五章で説明しますが、私たちは常に仏性として在る（涅槃に在る）にもかかわらず、妄心が働いているために、その真実を忘れて、現象世界で個人として生活している夢を見ているだけなのです。

正眼国師は、迷いも悟りも涅槃のなかでの迷いと悟りであることを、『心経抄』（『校補点註　続禅門法語集』）のなかで次のように説いています。

◇一衆生として涅槃を出てたるはなきなり。迷も涅槃の迷、悟も涅槃の悟なり。迷て涅槃をいです、悟て涅槃をいらす、出入のなきことなり。（中略）迷ふたと云ふは、己か家に居なから、忘れて余所の家に居ると思ふやうなものぞ。我か家じやと知つたと云ふても、今初めて己か家に入りはせぬ、本来より本宅なり。（三四―三五頁）

〔現代語訳〕

誰一人として涅槃を出た衆生はいない。迷いも涅槃のなかでの迷いであり、悟りも涅槃のなかでの悟りである。迷っても涅槃を出ることはなく、悟っても涅槃に入ることはない。出入りはないのである。（中略）迷ったと言うのは、自宅にいながら、それを忘れて、余所の家にいると思うようなものである。我が家だと知ったと言っても、今初めて自宅に入るのではない。もともと本宅である。

**〈前念すでに滅したれば、過去、後念未だ生ぜざるは、未来、その中間のすでにおこりたる当念は現在なり、〉**

「念」には、思い・考え、瞬間（一瞬）などの意味がありますが、この場合は、瞬間（一瞬）を意味すると考えられます。

〈**過去仏、現在身、現在仏未来仏なり、**〉

この言葉は、仏性が時間（過去・現在・未来）を超越して常に存在すること、そして身体が実体のない存在として現れるのは、常に現在だけであることを表しています。

夢窓国師は、仏性が時間と空間を超越していることを、『二十三問答』（『校補点註　禅門法語集』）のなかで次のように説いています。

◇その仏は色もかたちもなく、大にもなくちいさき物にもなし、過去、現在、未来もなく、虚空の如くにていたらずといふ所なく、（中略）是れ根本の仏也。（八九―九〇頁）

〔現代語訳〕

その仏（仏性）は、色も形もなく、大でもなく、小さい物でもなく、過去・現在・未来もなく、虚空のように遍く存在し、（中略）これが根本の仏である。

〈**過去心不可得、現在心不可得、未来心不可得なれば、**〉

「心」は、妄心を意味します。第十二節（二）で述べましたように、「不可得」は、存在しないことを意味すると考えられます。

**〈たゞ一念一仏にして、二心二仏あることなし不去不来、三世常住なり。〉**

妄心の一念（一つの思い・考え）は妄想分別ですので、一仏ではありません。したがって、「一念」の念は、瞬間（一瞬）を意味します。また、「心」には瞬間（一瞬）という意味がありますので、「二心」は二念（二つの瞬間）を言い換えた言葉であろうと考えられます。「一仏」「二仏」の仏とは、仏性のことです。仏性は唯一の実在であり、時間を超越して常に存在しますので、過去・現在・未来のすべての瞬間が、同じ一つの仏性です。

## 第十九節　依般若波羅蜜多故　得阿耨多羅三藐三菩提

**依般若波羅蜜多故。得阿耨多羅三藐三菩提。**

六字をば、無上成等正覚といふなり。この六字は、即ち人々本来具足したる真性をいふなり。仏を覚者といふも、此の真性を覚る故なり。一切のもの、この真性にこえたるまで、平等にして、仏にあつても増すこともなく、衆生に有つても減ることなし、等く平らかに行きわたりて、かけずあまらず、みな備はりたる故に、成等といふ。さてこゝにいふ心は、菩薩ばかり、般若によつて修行して、涅槃に到るのみならず、三世諸仏も皆般若によるが故に此の上の、妙道を成就したるなりといへり。

〔現代語訳〕

依般若波羅蜜多故。得阿耨多羅三藐三菩提。（般若波羅蜜多に依るが故に、阿耨多羅三藐三菩提を得たまへり。）

「阿耨多羅三藐三菩提」を六字で言うと、無上成等正覚である。この六字は、人々に元来そなわっている真性（仏性）のことである。仏を覚者と言うのも、この真性を覚って（明らかに知って）いるからである。この真性は、すべてのものを超えているものまで*平等であり、仏であっても増すことがなく、衆生であっても減ることがなく、平等に行きわたって、欠けず、余らず、すべてにそなわっているので、成等と言う。ところで、「三世諸仏。依般若波羅蜜多故。得阿耨多羅三藐三菩提」の意味は、観自在菩薩だけが般若の智慧によって彼岸に到る修行をして、涅槃に到るのではなく、三世（過去・現在・未来）の諸の仏も皆、般若の智慧により無上の妙道（悟りの道）を成就していることである。

＊修正前　一切のもの、この真性にこえたるまで　修正後　この真性、一切のものにこえたるまで

〔解説〕

**〈依般若波羅蜜多故。得阿耨多羅三藐三菩提。〉**

「般若波羅蜜多」は、般若の智慧によって彼岸に到る修行を意味します。「阿耨多羅三藐三菩提」は、梵語 anuttarā samyaksaṃbodhiḥ の音写語で、無上の完全な正しい悟りを意味し、無上正等正覚とも言います。

**〈六字をば、無上成等正覚といふなり。〉**

「成等正覚」は、菩薩（仏道修行者）が修行して、悟りを完成することを意味します。阿耨多羅三藐三菩提（無上正等正覚）と無上成等正覚は意味がほぼ同じですので、現代語訳では、「『阿耨多羅三藐三菩提』を六字で言うと、無上成等正覚である」としました。

〈仏を覚者といふも、此の真性を覚る故なり。〉

「覚者」とは、覚り（悟り）を開いた人（仏）のことです。「真性」は、仏性を意味します。仏性を意味する類似の表現としては、本性、覚性、心性、法性などがあります。

〈一切のもの、この真性にこえたるまで、平等にして、仏にあつても増すこともなく、衆生に有つても減ることとなし、等く平らかに行きわたりて、〉

「一切のもの、この真性にこえたるまで、平等にして」という言葉は、①このままでは意味が通らないこと、②「一切のもの」と「この真性」を入れ替えると意味が通ることから、現代語訳では、「この真性、一切のものにこえたるまで、平等にして」に修正して訳しました。

なお、「一切のものにこえたる」は、すべてのものを超えているもの、すなわち悟りを開いた人（仏）を意味すると考えられます。仏性が仏や凡夫に増減なく平等にそなわっていることについては、第一節（一）で、月庵禅師の「此の心は天然にして私なし、故に仏に於ても増すことなく、凡夫にありても減する事なし、諸の善悪に於ても隔てなく、僧俗にありても異なし」という言葉を紹介しました。

## 第二十節　故知　般若波羅蜜多　是大神咒　是大明咒　是無上咒

**故知。般若波羅蜜多。是大神咒。是大明咒。是無上咒。**
咒といふは、諸仏の密語なれば、凡夫のしる所にあらず。二つともなく、三つともなき仏法第一の義なり。神とは、神妙にしてはかりしること能はざる義なり。いふこゝろはこの般若の功力神変不思議にして、よく一切の悪魔の障礙を破る故に、大神咒と名くるなり。これは般若の智をもつて、よく仏法至極の妙利をあらはすこと、諸経にこえたるが故に、無上咒といふなり。

〔現代語訳〕
故知。般若波羅蜜多。是大神咒。是大明咒。是無上咒。（故に知るべし、般若波羅蜜多は、是れ大神咒なり、是れ大明咒なり、是れ無上咒なり、）
「咒」は諸の仏の秘密語であるので、凡夫（世間一般の人）の知るところではない。二つとない、三つとない仏法第一の秘密である。「神」は、神妙（人間の知恵を超えていること）にして、推量することができないことを意味する。この般若の功力（般若の修行によって得られる力）は、人間の知恵を超えた神秘的・不思議な力であり、すべての悪魔（仏道を妨げる悪神）の妨害をよく打ち破るので、大神咒と言う。また、般若の智慧により仏法最上の利益を顕すことが、他の諸の経を超えているので、無上咒と言う。

〔解説〕

〈**故知。般若波羅蜜多。是大神咒。是大明咒。是無上咒。**〉

この漢文は、般若波羅蜜多（般若の智慧によって彼岸に到る修行）の偉大な力を咒にたとえて表現したものです。「咒」は呪の異体字で、「じゅ」あるいは「しゅ」と読み、密教の真言（真理を表す秘密の言葉）あるいは陀羅尼（真言より長句のもの）を意味します。「是大神呪。是大明呪。是無上呪」と書かれているものもあります。

## 第二十一節　是無等等咒

**是無等等咒。**

> これは、般若の功用に依つて、妙覚の仏果を悟りきはむるほどに、この咒に等しき咒なし。かるが故に、無等等といふなり。初めよりこゝにいたるまで、顕説般若なり。顕とはあらはすといふ字なり、文字詞にて義理をあらはす故に、顕説といふなり。

〔現代語訳〕

是無等等咒。（是れ無等等咒なり。）

これについて説明すると、般若波羅蜜多は般若の智慧の功用（働き）によって妙覚の仏果（無上の悟り）を極める修行であるので、この咒（般若波羅蜜多）に等しい咒はない。そこで、無等等と言う。『般若心経』の最初からここまでが、顕説般若である。顕は、「あらわす」という字である。文字・言葉で道理を言い表すので、顕説と言う。

〔解説〕

**〈これは、般若の功用に依つて、妙覚の仏果を悟りきはむるほどに、この咒に等しき咒なし。かるが故に、無等等といふなり。〉**

本節は、「般若波羅蜜多。是大神咒。是大明咒。是無上咒。是無等等咒」についての解説の一部ですから、現代語訳では、「般若波羅蜜多は」を補足して訳しました。

## 第二十二節　能除一切苦　真実不虚

**能除一切苦。真実不虚。**

といふこゝろは此の般若の功力によつて、一切衆生の苦をすくいて、楽を得さしむること、真実にして偽りなし。さるほどに、もろ〳〵の衆生、此の般若心経を信仰して受行へといふ義なり。

〔現代語訳〕

能除一切苦。真実不虚。（能く一切の苦を除く。真実にして虚ならず。）

これは、般若波羅蜜多が、般若の功力（般若の修行によって得られる力）により、すべての衆生（人々）の苦を救い、楽を得させることが、真実であり、偽りではないことを意味する。したがって、諸の衆生は、この『般若心経』を信仰し、教えを受けて実行しなさいという意味である。

〔解説〕

**〈此の般若の功力によつて、一切衆生の苦をすくいて、楽を得さしむること、〉**

次節のテキストに、「般若波羅蜜多は、大神咒、大明咒、無上咒、無上等々咒にして、よく一切の苦を除くこと真実なる間」という言葉がありますので、標記の言葉の主語は、般若波羅蜜多です。

## 第二十三節　故説般若波羅蜜多咒

**故説般若波羅蜜多咒。**

是は上にいふが如く、般若波羅蜜多は、大神咒、大明咒、無上咒、無上等々咒にして、よく一切の苦を除くこと真実なる間、即ちこの咒を説くといふ義なり。

〔現代語訳〕

故説般若波羅蜜多咒。（故に般若波羅蜜多の咒を説く。）

前述のように、般若波羅蜜多は、大神咒、大明咒、無上咒、無等等咒であり、*すべての苦をよく除く。これは真実であるので、この咒を説くという意味である。

*修正前　無上等々咒にして、修正後　無等等咒にして

## 第二十四節　即説咒曰　掲諦掲諦　波羅掲諦　波羅僧掲諦

**即説咒曰。掲諦掲諦。波羅掲諦。波羅僧掲諦。**

この十三文字は咒なり。是を密語の般若ともいふなり咒は、諸仏の密語なるがゆえなり。たゞ仏のみ、能是を知り給ふなり。余人はしることあたはず。

〔現代語訳〕

即説咒曰。掲諦掲諦。波羅掲諦。波羅僧掲諦。（即ち咒を説いて曰く、掲諦、掲諦、波羅掲諦、波羅僧掲諦、）

この十三文字（掲諦掲諦。波羅掲諦。波羅僧掲諦）は咒（真言）である。これを密語の般若とも言う。咒は諸の仏の秘密語であるからである。ただ仏だけが、この意味をよく知って

おり、他の人は知ることができない。

〔解説〕

**〈掲諦掲諦。波羅掲諦。波羅僧掲諦。〉**

この漢文は、梵語の咒 gate gate pāragate pārasaṃgate の音写語です。咒は梵語の発音をそのまま唱えることが重要ですので、漢語に翻訳されていません。「掲帝掲帝。般羅掲帝。般羅僧掲帝」あるいは「羯諦羯諦。波羅羯諦。波羅僧羯諦」と書かれているものもあります。

**〈この十三文字は咒なり。〉**

一休禅師は、「掲諦掲諦。波羅掲諦。波羅僧掲諦」を一つの咒としていますが、一般的には、「菩提娑婆訶」を加えた「掲諦掲諦。波羅掲諦。波羅僧掲諦。菩提娑婆訶」を一つの咒とすることが多いようです。その意味を『佛教語大辞典』で調べると、「掲帝掲帝般羅掲帝般羅僧掲帝菩提僧莎訶」は、『般若心経』に出てくる呪。その意味は、『往き往きて、彼岸に到達せるさとりよ、幸あれ』(直訳)ということである。『あゆみては、あゆみては、かの岸にぞいたる。ひとのよのめざめ、ついにかの岸にいたることをえたり』(意訳)」となっています。

# 第二十五節　菩提娑婆訶

**菩提娑婆訶。**
菩提は、天竺の詞なり。これ智道ともいふなり。合していふ時は、覚智成就といふこゝろなり。道のさとるべき処にいたり得たるを成就といふなり。菩提は、はじめの義なり。娑婆訶は、末の義なり。はじめ、菩提心をおこして退屈なし、勇猛に精進して、修行をおこたらず、大道をさとりて、本来空の処にいたるは、即ち菩提なり。悟り終て、畢竟空なれば、娑婆訶なり、是れ仏成就のところなり。

〔現代語訳〕
菩提娑婆訶。（菩提娑婆訶。）
「菩提」はインドの言葉である。これを智道とも言う。「娑婆訶」と合わせて言うときは、覚智成就という意味である。仏道の悟るべきことがない所に*到達できたことを成就と言う。
菩提は最初を意味し、娑婆訶は最後を意味する。最初に菩提心（悟りを求める心）を起こして、挫折せず、勇猛に精進し、怠りなく修行を続けると、大道（偉大な真理）を明らかに知って、本来空（すべての物に実体がないこと）の境地に到る。これが菩提である。悟り終れば、畢竟空（究極絶対の空）であるので、娑婆訶である。これが仏の成就された境地である。

＊修正前　道のさとるべき処に、修正後　道のさとるべきことのなき処に

〔解説〕

〈**菩提娑婆訶。**〉

この漢文は梵語 bodhi svāhā の音写語です。「菩提薩婆訶」あるいは「菩提僧莎訶」と書かれているものもあります。

〈**道のさとるべき処にいたり得たるを成就といふなり。**〉

この言葉を文字通りに解釈すると、意味が通りませんので、現代語訳では、テキストの「道のさとるべき処に」を「道のさとるべきことのなき処に」に修正して訳しました。修正後の言葉（道のさとるべきことのなき処にいたり得たるを成就といふなり）と類似の表現としては、第三節（二）のテキストに、「すべきことのなき所に到り得たるを般若の修行とは

いふなり」という言葉があります。

**〈大道をさとりて、本来空の処にいたるは、即ち菩提なり。悟り終て、畢竟空なれば、娑婆訶なり、是れ仏成就のところなり。〉**

私たちの本性は、不生不滅・不変・宇宙遍在・平等一体の虚空のような心（仏性）です。私たちは常に仏性として在りますが、心が迷っている（妄心が働いている）ために、その真実を忘れて、現象世界で個人として生活している夢を見ています。したがって、私たちの人生の最終にして最大の目標は、迷いの夢から覚めて（悟りを開いて）、すべての真相を明らかに知ることです。

鉄眼禅師は、悟りを開いたときの体験を、『鉄眼仮名法語』（『校補点註　禅門法語集』）のなかで次のように説いています。

◇たゞ無念無心にしてひたとつとめ行かば、忽然として真実のさとりあらはれて、万法をてらす事、百千の日輪の一度にいでたまふがごとし。これを見性成仏ともいひ、大悟大徹ともなづけ、寂滅為楽ともいへり。此の時三世の諸仏に一時に対面し、釈迦達磨の骨髄をしり、一切衆生の本性を見、天地万物の根源に徹す。そのよろこばしき事たとへて

いふべきやうなし。（三七二頁）

〔現代語訳〕

ただ無念無心になって、ひたすら修行を続ければ、忽然と真実の悟りが現れて、万法（すべての事物）を智慧の光明が照らす。それは、まるで数多くの太陽が一度に出てきたようなものである。これを見性成仏と言い、大悟大徹と名付け、寂滅為楽（寂滅〔涅槃〕が絶対的な安楽であること）とも言っている。このとき、三世（過去・現在・未来）の諸の仏に同時に対面し、釈尊と達磨大師（禅宗の始祖）の教えを完全に理解し、すべての衆生の本性を知って、天地万物の根源に徹する。その喜ばしいことは、たとえようがない。

# 第五章　即今

時間は過去・現在・未来の三つに分けることができますが、過去は記憶のなかに、未来は想像のなかにしか存在しませんので、現実に存在するのは現在だけです。現在と表現すると少し漠然としていますので、より厳密に表現すると、現実に存在するのは、今この瞬間（即今）だけです。今この瞬間より時間が一万分の一秒でも前後にずれると、そこは過去または未来です。したがって、今この瞬間は過去と未来の境界線のようなものであると言うことができます。

私たちは時間が過去から未来へと連続して流れていると思っていますが、時間は今この瞬間で断絶しています。そして自分では気づくことができませんが、私たちは誰でも、今この瞬間、仏性として在ります。

道元禅師(注6)は、今この瞬間（即今）・ここ（遮裏）が仏性（法性）であることを、『正法眼蔵』

（『正法眼蔵（三）』）のなかで次のように説いています。

◇即今の遮裏は法性なり。法性は即今の遮裡なり。（〔法性〕九七頁）

原田雪渓禅師（注7）は、今この瞬間（「今」）が仏性（法）であることを、『自我の本質』のなかで次のように説いています。

◇①過去と未来を区別している「今」はなにかというと、「今」というのは絶対にわからない。ないんですね、「今」という時は。それを、「法」と説明したわけです。（三六―三七頁）

◇②「今」というのは、説明ができない世界です。距離もありませんし、時間もありませんし、場所もありません。そういうことを自覚するとかしないとかに関わらず、あるいは信じるとか信じないに全く関係なく、誰でも「今」というところで生活をしているわけです。（七七頁）

今この瞬間は過去と未来の間に存在しますが、そこには時間がありません。したがって、時間は過去から未来へと連続して流れているのではなく、今この瞬間で断絶しています。時間は妄心がつくり出した概念ですので、現象世界（私たちが認識している世界）にしか存在しません。真実の世界（現象世界の実相）では、映画の映像が多数の静止画像からできているように、すべての事物は瞬間瞬間に生じては滅し、生じては滅しながら相続しています。

仏教では、これを刹那生滅（せつなしょうめつ）あるいは刹那滅と言います。

道元禅師は、人の身体が瞬間瞬間（刹那刹那）に生滅を繰り返していることを、『正法眼蔵』（『正法眼蔵（四）』）のなかで次のように説いています。

◇しるべし、今生（こんじやう）の人身（にんじん）は、四大（だい）五蘊（うん）、因縁和合してかりになせり、八苦つねにあり。いはんや刹那刹那（せつなせつな）に生滅（しやうめつ）してさらにとゞまらず、（以下略）（「出家功徳」七〇頁）

原田禅師は、人は瞬間瞬間に生滅を繰り返していることを、『禅に生きる』のなかで次のように説いています。

◇そのようにクルクル早い回転で瞬間・瞬間に出ては消え、出ては消えしている様子が、人の生死（しょうじ）を繰り返している様子です。（一七四頁）

過去は記憶のなかに、未来は想像のなかにしか存在しません。現実に存在するのは、常に今この瞬間だけですので、今この瞬間は「永遠の今」でもあります。したがって、今この瞬間、私たちが仏性として在るということは、私たちが常に仏性として在ることを意味します。第四章第十八節で、正眼国師の「一衆生として涅槃を出てたるはなきなり。迷も涅槃の迷、悟も涅槃の悟なり。迷て涅槃をいでです、悟て涅槃をいらす、出入のなきことなり。（中略）迷ふたと云ふは、己か家に居なから、忘れて余所の家に居ると思ふやうなものぞ。我か家じやと知ったと云ふても、今初めて己か家に入りはせぬ、本来より本宅なり」という言葉を紹介しました。この言葉も、私たちが常に仏性として在る（涅槃に在る）ことを示しています。

般若の智慧（真理を明らかにする根源的な働き）が働いているのは、私たちが仏性として在る今この瞬間だけです。妄心は今この瞬間に存在することができませんので、過去（今この瞬間より前）と未来（今この瞬間より後）を忙しく行き来しながら無数の妄想分別をしています。そのため、私たちは、自分が仏性であることを忘れて、現象世界で個人として生活している夢を見ています。したがって、私たちが般若の智慧により夢から覚めるためには、思慮分別（妄想分別）を離れて、今この瞬間を生きる必要があります。

禅宗では、今この瞬間（「今」）を生きることを重視します。私たちが無心に坐禅をしているとき、あるいは仕事、趣味、誦経、写経、念仏などに没頭して、三昧（心が統一されて、安定した状態）になっているとき、私たちは妄想分別を離れて、今この瞬間を生きています。このとき、私たちは仏性としてただ在ります。

道元禅師は、坐禅とは妄心の働きがないこと（不為）であり、その状態（無心の状態）がすなわち自己の正体（仏性）であることを、『正法眼蔵随聞記』（『正法眼蔵随聞記』）のなかで次のように説いています。

◇坐はすなはち不為なり。是れ便ち自己の正体なり。（六五頁）

原田禅師は、無心に坐禅をすることの重要性を、『自我の本質』のなかで次のように説いています。

◇ひたすらに坐り切って、坐も忘れなさい。そうすると、人間以前の状態になる。人の考えがまったく入らない「今」という状態で、毎日の生活ができるということです。始めもなければ終わりもない「今」に、必ず気がつきます。これが、自己を忘れることに通じる道です。（二四頁）

また、原田禅師は、日常生活のなかで、常に今行っていることに集中することが重要であることを、『無舌人の法話　色即是空』と『禅に生きる』のなかで次のように説いています。

二番目の引用文中の「修証不二」は、修行と証（悟り）が不二一体であることを意味します。

◇①日常の生活をなおざりにしないで、何事をなさるのも一所懸命になって、そのものに成り切る。成り切っていることも忘れて、忘れたことをもうひとつ忘れるという、そこまで行けるはずです。そうすると、何にも無くなる時節があります。それが、「今（空）」ということです。（『無舌人の法話　色即是空』一二九頁）

◇②忙しくて坐禅ができないとか、佛教を知識としてどう知らなければならないかということにまったく関係なく、安心して自分の仕事に今まで以上に精力を注いで、三昧になっていただきたい。それが、すなわち修証不二（しゅしょうふに）、禅の究極です。（『禅に生きる』四一頁）

◇③どうぞ求心をやめて、即今、即今に集中していただきたいと思います。（『禅に生きる』一二三頁）

## 転載文献

『註解一休法語集』(修養資料叢書)青年修養会、富文館・富田文陽堂、一九一四年(国立国会図書館デジタルコレクション所蔵、タイトル検索　一休法語集)
『校補点註　禅門法語集』山田孝道編、光融館、一八九五年(国立国会図書館デジタルコレクション所蔵、タイトル検索　禅門法語集)

## 引用文献

『校補点註　続禅門法語集　完』森慶造編、光融館、一八九六年(国立国会図書館デジタルコレクション所蔵、タイトル検索　禅門法語集)
『正法眼蔵(三)』(道元著)水野弥穂子校注、岩波書店(岩波文庫)、一九九一年
『正法眼蔵(四)』(道元著)水野弥穂子校注、岩波書店(岩波文庫)、一九九三年
『正法眼蔵随聞記』(懐奘編)、和辻哲郎校訂、岩波書店(岩波文庫)、一九八二年(改版)

『自我の本質』原田雪溪、ペンハウス、一九九七年

『禅に生きる—行雲流水のごとくに』原田雪溪、ペンハウス、二〇〇〇年

『無舌人の法話　色即是空』原田雪溪、ペンハウス、二〇〇七年

〈辞書〉

『岩波仏教辞典　第二版』中村　元・福永光司・田村芳朗・今野　達・末木文美士編、岩波書店

『佛教語大辞典　縮刷版』中村元、東京書籍

『広辞苑　第七版』岩波書店

『講談社日本人名大辞典』講談社

## 注釈

**（注1）夢窓国師**

『広辞苑』から「夢窓疎石」についての説明を引用します。

◇鎌倉後期～南北朝時代の臨済宗の僧。伊勢の人。初め天台・真言を学んだが、のち禅門に入り、後醍醐天皇・足利尊氏らの帰依を受け、七代の天皇から国師号を贈られた。天竜寺船の派遣を建議し、天竜寺開山となる。門下を夢窓派といい、五山文学の中心。著「夢中問答集」「夢窓国師語録」など。諡号は仏統国師など。（一二七五―一三五一）

**（注2）月庵禅師**

『講談社日本人名大辞典』から「月庵宗光」についての説明を引用します。

◇（一三二六―八九）南北朝時代の僧。正中三年四月八日生まれ。臨済宗。峰翁祖一、孤峰覚明らに師事。伊予（愛媛県）宗昌寺の大虫宗岑の法をつぐ。但馬（兵庫県）大明寺を創建。守護山名氏の帰依をうけ、円通寺などをひらく。康応元＝元中六年三月二三日死去。六四歳。美濃（岐阜県）出身。俗姓は大江。諡号は正続大祖禅師。著作に「月庵和尚仮名法語」など。

**（注3）正眼国師**

『広辞苑』から「盤珪」についての説明を引用します。

◇江戸前期の臨済宗の僧。諱は永琢。播磨の人。諸国を遊歴し、郷里に竜門寺を創建。のち妙心寺に住す。不生禅を提唱。諡号は仏智弘済禅師・大法正眼国師。（一六二二―一六九三）

**（注4）鉄眼禅師**

『広辞苑』から「鉄眼」についての説明を引用します。

◇江戸前期の黄檗宗の僧。諱は道光。肥後の人。木庵性瑫の法を嗣ぐ。大蔵経の覆刻を企図し、全国に勧進して一三年後に完成。また飢饉救済にも尽力。諡号は宝蔵国師。（一六三〇―一六八二）

**（注5）大応国師**

『広辞苑』から「南浦紹明」についての説明を引用します。

◇鎌倉中期の臨済宗の僧。駿河の人。建長寺の蘭渓道隆に師事し、一二五九年（正元一）入宋、帰国後、各地で禅宗を弘めた。著「大応国師語録」など。諡号は円通大応国師。（一二三五―一三〇八）

**（注6）道元禅師**

『広辞苑』から「道元」についての説明を引用します。

◇鎌倉初期の禅僧。日本曹洞宗の開祖。京都の人。内大臣源(土御門)通親の子か。号は希玄。比叡山で学び、のち栄西の法嗣明全に師事。一二二三年（貞応二）入宋、如浄より法を受け、二七年（安貞一）帰国後、京都深草の興聖寺を開いて法を弘めた。四四年（寛元二）越前に曹洞禅の専修道場永平寺を開く。著「正法眼蔵」「永平広録」など。諡号（しごう）は承陽大師。（一二〇〇―一二五三）

**（注7）原田雪溪（はらだせっけい）禅師**

『無舌人の法話　色即是空』から「著者プロフィール」を引用します。

一九二六年　愛知県岡崎市に生まれる。

一九五一年　曹洞宗発心寺住職・原田雪水に就いて出家得度。

一九七四年　発心寺住職・発心寺専門僧堂堂長。

一九七六年　発心寺専門僧堂師家。

一九八二年より　国外ではドイツ、アメリカ、インド等、国内では東京、千葉、埼玉、神戸、静岡、奈良等で参禅指導。

一九九八年　大本山總持寺西堂。

一九九九年　世界宗教者会議（ヴァチカン・アセンブリー）に曹洞宗代表として出席。

二〇〇二年　ヨーロッパ国際布教総監として渡欧。

二〇〇四年　帰国。

# 五人の悟りを開いた禅師の言葉（原文）

『校補点註　禅門法語集』より転載した原文

夢窓国師（『二十三問答』）

◇心をのぞきてまことの心をしるを、佛の悟と申し候。（八二頁）

◇源は心なり、その源にしな〳〵あれども、先づ二つなり。一には白き黒きを知り、西東をわきまへ、よろづ物を思ひはかる心なり、その心はまことの心にはあらず、かりにその身にやどるなり。（中略）二には我よ人よの隔もなく、一念おこす、よしともあしとも思はぬところの心也。この心は法界にあまねくして、ひとりぬしもなし、いできもせす、うせもせす、うつりかはることなくして、たれものこらすもちたる也、是れを佛心と申し候。（中略）この心は身なくなれどもうすることなし、身生るれとも生るゝこともなし、たゞ大空の如し、（以下略）（七二―七三頁）

◇たゞ萬法一心にて候、一心即ち萬法にて候、（以下略）（八二頁）

◇虚空なる心よりにくみいとしみ、しろしくろしとわきまへ候心もおこり候。そのまよひの念は氷の如く、念もなき根本の心は水の如く、迷の氷とけ候へば、もとの水にて候。かへす〳〵、一心の外に別の法

なく候。（九一―九二頁）

◇心に思ふ一たびその報なしといふことあるべからす、この世のうちに報ふ事もあり、後の世にて報ふことも、よきことをなしたるも、あしきことをなしたるも、因果のかるべからず。（八一頁）

◇その佛は色もかたちもなく、大にもなくちいさき物にもなし、過去、現在、未來もなく、虚空の如くにていたらずといふ所なく、（中略）是れ根本の佛也。（八九―九〇頁）

月庵禅師（『月庵仮名法語』）

◇此の心は天然にして私なし、故に佛に於ても増すことなく、凡夫にありても減する事なし、諸の善悪に於ても隔てなく、僧俗にありても異なし。（二三六頁）

◇分別なければは妄想おこらす。たた一切迷倒の見は、妄心の分別によれり。妄心起らされは、一切の心境、皆是れ正眞の大道なり。（二六五頁）

◇心の源を覺れは、本より佛もなく衆生もなく我もなく人もなし、善悪是非、一切の煩はしき思、夢の覺むるかことく、何事も打ち破れて只た我もなし、前きの天然の私なき心ばかり顯はれて了々分明なり。（二三七―二三八頁）

◇虚空藏（こくうぞう）といふは、我か心も身も外の境界も皆實の体なし、猶ほ虚空の如し。虚空の如くなる處より一切の諸法化現（けげん）す。この故に虚空藏と云へり。（二六一頁）

鉄眼禅師（『鉄眼仮名法語』）

◇この妄想を夢ぞとしらざる故に、無始久遠のいにしへより、今生今日にいたるまで、その輪廻たえずして、（以下略）（三五〇頁）

◇わが身本より幻なれば、そのこゝろもまた幻なり。そのこゝろ既に幻なれば、その煩惱もまた幻なり。（中略）一大法界のそのうちに幻にあらざるものあることなし。（三五九頁）

◇菩薩は（中略）此の身をすなはち法身如來と見たまふ。これを心經には色即是空、空即是色と説きたまへり。色といふは此の身なり、空といふは眞空、眞空は法身、法身は如來の事なり。さては此の身すなはち法身、法身すなはち此の身といふ意なり。（三四一頁）

◇たゞ無念無心にしてひたとつとめ行かば、忽然として眞實のさとりあらはれて、萬法をてらす事、百千の日輪の一度にいでたまふがごとし。これを見性成佛ともいひ、大悟大徹ともなづけ、寂滅爲樂ともいへり。此の時三世の諸佛に一時に對面し、釋迦達磨の骨髓をしり、一切衆生の本性を見、天地萬物の根源に徹す。そのよろこばしき事たとへていふべきやうなし。（三七二頁）

『校補点註　続禅門法語集』より引用した原文

大応国師（『大応仮名法語』）

◇佛の諸法は夢に似たり又幻の如しと說き玉ふ。夢みるときは、善も惡も有り〳〵と思へども、覺めて見たれば何もなし。（中略）されとも夢も實は無けれとも、惡しき夢を見る時は、苦痛堪へ難し、吉夢を見る時は、喜ひ樂む。凡夫は此念のうちにして、生死の深き夢を見る。（十頁）

◇祖師云、即心即佛と。又心の外に佛無し。心を離て佛を求むれば、地を堀て天を求むるが如しと云へり。（一五頁）

◇有心にして求め、有念にして行すれば、棒を擧て月を打ち、履を隔て痒を掻くに殊ならず。（四頁）

◇此の如く一心こそ、諸事に變す、佛法は更に外には無き者なり。（中略）又云、心は巧なる繪師の如し、種々の五陰を作る、一切世間の中に心より生せざるは無しと。（八頁）

◇衆生の我と思へる物は、貪瞋癡なり、此を以て我とせり。如來の我と云ふは、常樂我淨の當體、草木國土、有りとあらゆる處の物を我と云ふ。（三頁）

正眼国師（『心経抄』）

◇若し昔より心と云ふ字なくんは、何とも云ふべきやうはあるまじきなり。（中略）心と云ひ、道と云ひ、空の、菩提の、涅槃の、般若の、智惠のと云ふは、みなよき名字を付け、ほめて云ひたるものぞとしりたらば、手が離るべきなり。（二頁）

◇此の智慧と云ふは、吾も人も、佛も祖師も、畜生も禽獸も、増すこともなく、減することもなく、同

しことなり。只明かに知てわきまへたると、わきまへざるとの違ひ計なり。（三頁）

◇人々本來明かなる心なり。始なきか故に終あることなく、草木國土、十方世界、常住一相の心にして、終に迷ひも悟りもせぬ物なり。（中略）一切言説を離れ、有無にあらす、聲色にあらず、名も無く、相もなきなり、手も付られす、思惟も及ばぬ物なり。（中略）此の如く兎も角も云ふべきやうはないに依て、心と名つけたるなり。（一―二頁）

◇我といふもの、當體只汝か思はくのみにして、何にもなけれとも、ある物のやうに思ふ故に、我に相應のことをは貪り、我に違ふ時には瞋り、色々の相か顯はる、（以下略）（一四頁）

◇五蘊、六根、六塵、六識の十八界と、一々皆あるに似たる物て、只電のやうなることなり。（中略）ありくとひかれとも、なんにもなく、なんにもなけれとも、ありくとある所の譬へに云ふなり。（二五―二六頁）

◇一衆生として涅槃を出てたるはなきなり。迷も涅槃の迷、悟も涅槃の悟なり。迷て涅槃をいでず、悟て涅槃をいらす、出入のなきことなり。（中略）迷ふたと云ふは、己か家に居なから、忘れて餘所の家に居ると思ふやうなものぞ。我か家じやと知つたと云ふても、今初めて己か家に入りはせぬ、本來より本宅なり。（三四―三五頁）

# あとがき

本書では、五人の悟りを開いた禅師の言葉と辞書の説明を紹介しながら、一休禅師の『般若心経提唱』を解釈しました。『般若心経提唱』および五人の悟りを開いた禅師の言葉は、国立国会図書館デジタルコレクション所蔵の『註解一休法語集』『校補点註　禅門法語集』『校補点註　続禅門法語集』に収載されていますので、パソコンなどを用いて、どなたでも無料で簡単に閲覧することができます。

一休禅師の言葉と五人の悟りを開いた禅師の言葉には、多くの共通点があります。また、一休禅師の言葉と拙著『釈尊の悟り―自己と世界の真実のすがた』で紹介した悟りを開いた人々（中国の黄檗希運禅師、臨済義玄禅師、日本の道元禅師、沢庵宗彭禅師、盤珪永琢禅師〔正眼国師〕、鉄眼道光禅師、井上義衍禅師、原田雪溪禅師、山岡鉄舟翁、インドのシュリー・ラマナ・マハルシ、シュリー・ニサルガダッタ・マハラジ、シュリー・ハリヴァンシュ・ラル・

プンジャ）の言葉にも、多くの共通点があります。これらの事実は、時代の新旧や国・宗教の違いに関係なく、悟りを開いた人々が皆同じ一つの真実を明らかに知っていることを示しています。

一休禅師は数多くの道歌を詠んでいますが、次の道歌は、外国でも日本でも、成仏（悟りを開くこと）は、教義（特定の宗教や宗派が真理として説く教え）によるのではなく、心によることを表しています。

成仏は異国本朝もろともに　宗にはよらず心にぞよる

〈著者紹介〉

吉野 博（よしの ひろし）

1974年九州大学大学院薬学研究科修士課程修了。
同年、エーザイ株式会社に入社。主に創薬研究に従事し、
創薬研究本部副本部長などを経て、2010年に退職。
主な著書
『釈尊の悟り ―自己と世界の真実のすがた』（鳥影社）

一休禅師の般若心経

定価（本体1500円+税）

乱丁・落丁はお取り替えします。

2021年12月10日初版第1刷印刷
2021年12月16日初版第1刷発行
著 者 吉野 博
発行者 百瀬精一
発行所 鳥影社 (www.choeisha.com)
〒160-0023 東京都新宿区西新宿3-5-12トーカン新宿7F
電話 03-5948-6470, FAX 0120-586-771
〒392-0012 長野県諏訪市四賀229-1（本社・編集室）
電話 0266-53-2903, FAX 0266-58-6771
印刷・製本 モリモト印刷

ISBN978-4-86265-937-8 C0015